新 零售时代个人创业指南

U0692456

便利店经营
从入门到精通

过自己的日子 / 著

人民邮电出版社

北京

图书在版编目（CIP）数据

便利店经营从入门到精通 / 过自己的日子著. -- 北京 : 人民邮电出版社，2018.8
（新零售时代个人创业指南）
ISBN 978-7-115-48688-2

Ⅰ．①便… Ⅱ．①过… Ⅲ．①零售商店—商业经营
Ⅳ．①F713.32

中国版本图书馆CIP数据核字(2018)第133637号

内 容 提 要

本书围绕便利店经营的核心内容，全面阐述了便利店从开设到推广的全过程要点，包括类型选择、选址/装修、商品摆放、供货商选择、促销活动、员工管理、宣传推广、盈利模式等，全方位、多角度地向读者展示了便利店经营需要了解并掌握的大部分内容。

本书语言通俗，例证丰富，具有较强的实操性，既是初创业者的创业指南，又是便利店店长的营业额提升手册。

◆ 著　　　　　过自己的日子
　 责任编辑　　恭竟平
　 责任印制　　马振武

◆ 人民邮电出版社出版发行　　北京市丰台区成寿寺路 11 号
　 邮编　100164　电子邮件　315@ptpress.com.cn
　 网址　https://www.ptpress.com.cn
　 涿州市般润文化传播有限公司印刷

◆ 开本：700×1000　1/16
　 印张：14　　　　　　　　　2018 年 8 月第 1 版
　 字数：206 千字　　　　　　2025 年 2 月河北第 26 次印刷

定价：59.80 元
读者服务热线：(010)81055296　印装质量热线：(010)81055316
反盗版热线：(010)81055315

许多人对便利店应该都很熟悉，但如何开设便利店并使便利店的营业额快速提升却是诸多创业者和从业者的难题。本书从便利店的选址到推广促销，以理论和案例并举的编写方式为便利店的创业者和从业者提供真正实用的战略指导。既快速有效地教会读者如何开设便利店，又让读者掌握便利店运营的诀窍，正是本书要解决的重点问题。

经营顺利的便利店能做到日进斗金，而经营欠佳的便利店只能温饱度日。本书除了介绍如何开设便利店之外，更注重便利店的运营和实战展示，包括便利店的推广与促销、线上线下的互动等。

本书写作的目的就是解决困扰读者的便利店开设和运营问题。书中有大量的案例和方法供大家学习，希望大家在阅读本书后，开设和运营的便利店也能日进斗金，"钱"程似锦，也能让自己的便利店早日成为令众人羡慕的"便利店之王"。

本书内容及体系结构

第 1 章　精准定位，做"互联网＋新零售"经济的引领者

本章首先介绍便利店的类型，然后从创业者本身的资金准备切入，为不同类型的创业者提供不同便利店的开设方法。

第 2 章　店址、店面、店名，直接决定便利店的"钱"程

本章首先介绍便利店在地址选择上应考虑的 5 个方面，强调选址与便利店生意的关系，然后介绍店面租赁要注意的问题和店名的选取技巧。

第 3 章　卖场布局要合理，摆放规划要巧妙

本章从便利店的店内布局和商品摆放入手，重点叙述店内布局和商品摆

放对方便顾客进店、延长顾客停留时间和激起顾客购买欲望的作用。最后用著名便利连锁店快客的案例，来说明便利店布局与商品摆放在便利店营业中的重要性。

第4章　设施各不同，装修有特色，吸引顾客是重点

各大便利店都利用风格独特的装修吸引顾客，借势打造新颖的销售模式。本章讲解便利店需要具备的店内外设施，重点说明门头设计和制作对便利店运营的重要性，并分别介绍杂货铺便利店、生鲜便利店和快餐便利店的装修特点。

第5章　进货渠道多元化，适应时代新潮流

本章的核心是教会创业者挑选供货渠道和供货商，使自己的利润最大化。如今，多元化的进货渠道让便利店的经营者可以货比三家，找到最适合自己的供货商，从而在保持利润最大化的同时，保证物美价廉的商品能长期吸引消费者购买。

第6章　便利店"触网"，从社区中寻找新卖点

随着网络技术的日益发展，便利店为促进发展而"触网"势在必行。本章介绍如今流行的便利店"触网"方式，为读者提供一个可寻找新卖点的参考方法。

第7章　选人、用人、管人，打造高素质员工队伍

便利店应和其他企业一样严格挑选、聘用员工，打造一支高素质的员工队伍。合理选聘员工能使便利店的营业额快速提升，为便利店的进一步发展带来动力。本章介绍便利店选人、用人、管人中要注意的事项和绩效考核制度的建立。

第8～10章　贴心服务，多路推广，适度促销

这3章以便利店的宣传为切入点，讲解在现代经济社会的大背景下，便利店拓展服务领域、线上线下推广并举、以各种形式开展促销时要注意的问题。第9章介绍的各种推广方式尤为重要。

第11章　便利店盈利新模式，开店赚不停

以开设便利店作为创业项目，创业者最关心的无疑就是盈利问题。本书把便利店盈利新模式放在最后一章介绍，也是希望大家在看完本书后正确运用书中的

知识，不但有能力开设便利店，也有能力把它经营好；不但有能力为顾客提供便利，还有能力盈利；不但有能力养活自己，更有能力为他人提供就业岗位，为社会做贡献。

本书特色

1. 内容实用，详略得当，层层深入指导创业者开店

本书涵盖便利店选址、便利店布局、便利店进货等开设一家便利店所必须掌握的知识。本书注重知识的系统性和可操作性，重点讲述店址的选择和进货渠道的选择，需要大致了解处则蜻蜓点水，一带而过。

2. 行文轻松流畅，以实例引导开店，十分适合初创业者阅读

本书介绍的便利店选址、进货、促销活动、多功能服务等，都从实际案例导入，注重实例场景的带入式讲述，避免读者在学习中因缺乏实例而难以理解透彻。在讲解的过程中，采用轻松流畅的语言，力求通俗易懂、贴近实际，让读者感到是在和一位想真心帮助自己成为合格店长的老朋友聊天。

3. 实用性强，对创业者有借鉴意义

本书在介绍如何开设和运营便利店的过程中，用一些经典的案例将知识内容串在一起，使读者在不知不觉中掌握从一个创业小白成长为一个经验丰富的便利店店长所必须了解的知识。本书对每章和每节的内容做了合理划分，让读者能读得懂、学得会，在了解开店细节的同时，掌握便利店运营的概貌。这种章节划分有利于读者学以致用，把书中的知识直接运用到便利店的开设和运营中去。

4. 图文并茂，激发读者的兴趣和智慧

本书用不少图片配合文字，以突出内容特点，避免艰涩难懂的纯理论讲述。这种方式有利于激发学习者的兴趣和智慧，点燃阅读兴趣。

本书读者对象

- 资金不充裕但想创业的朋友。

- 想快速提升便利店营业额的商家店主。

- 互联网电商运营者及初级入门者。

- 便利店的店长。

- 跟便利店有业务关系的经销商。

- 其他对便利店运营感兴趣的朋友。

第 2 章 店址、店面、店名，直接决定便利店的"钱"程

第 5 章

进货渠道多元化，适应时代新潮流

第 6 章　**便利店"触网"，从社区中寻找新卖点**

第 7 章　选人、用人、管人，打造高素质员工队伍

第 1 章

精准定位，做"互联网＋新零售"经济的引领者

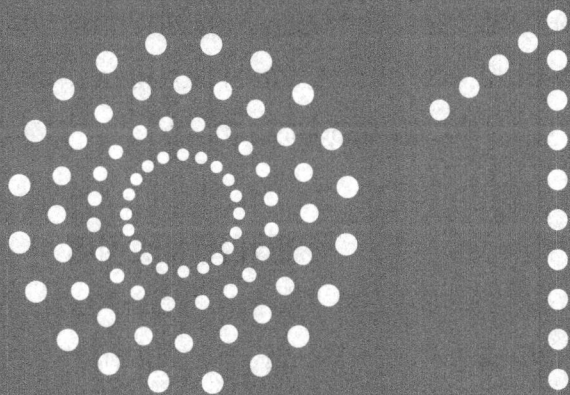

01

便利店是大型超市发展到稳定饱和的阶段后，分离出来的一种新兴小型零售业。便利店既需要有超市的经营管理理念，又需要具备传统杂货商店的方便快捷性。比如，便利店不仅有超市自选商品的特点，而且一些平时细碎的小商品，从一针一线到柴米油盐乃至各种副食饮料，这些在老百姓生活中时常用到的商品都可以在便利店里买到。随着居民社区生活的愈加丰富和工作节奏的日益加快，人们的需求也变得多样化。便利店因其方便快捷、满足顾客日常购物和应急之需等特点，具有很大的市场竞争力和发展潜力。本章为大家详细介绍便利店是什么，以及开店之前需要注意的方方面面。

1.1　你想开什么便利店

便利店因具备快速、方便等大超市所不具备的优势，近几年发展迅速，并且大有逐渐替代传统国内零售业之势。可以说，现在正是便利店发展的黄金时期，也是进行便利店投资的最佳时期。投资前，可能很多人会被五花八门的便利店投资弄得晕头转向：开便利店究竟是选择加盟还是自营？两种类型的便利店各有什么特点？本章将从各类便利店的进货、管理等不同方向为大家进行详细介绍，以供参考。

1.1.1 自营便利店：经营不局限，投入费用少

李某在社区门口经营了一家便利店，由于是自己经营，没有统一的进货渠道，李某天天忙着对比各种供货商的商品价格，虽然很累，但是总能找到最低价的供货渠道。而且李某每次进货都会分析前期的销售情况，看哪些好卖就多进一些，不好卖的下次就不进了。

自营便利店的优势主要表现在以下 3 个方面。

（1）自己开店没有任何加盟费用，设备购置和装修也可以根据自己的需要进行。与同等规模的加盟店相比，投资较少，经营所得的利润全部归自己。

（2）采购的商品和价格都由自己制定，在经营上相对自由。

（3）随停随行，可以随时调整。只要亏损就能立刻采取相应措施挽救，或者尽早闭店，相对加盟店来说可以减少投入的损失。

1.1.2 加盟便利店：入门曲线短，少走弯路

张某在大都市打拼几年后积攒了一笔钱，他想回老家开个便利店。因为张某是第一次开店，什么都不懂，所以他决定加盟 7-11 便利店。在确定加盟之后，7-11 总部立刻派人过来，现场指导张某进行便利店的选址和装修。在他开店之初，总部还派人到他的便利店进行经营管理与指导，并实行总部统一供货。

加盟便利店的优势主要表现在以下 3 个方面。

（1）利用人们对大品牌的了解与信任，更容易获得市场和顾客的青睐。

（2）拥有完整成套的商品采购、配送和中途监管系统，可以保证进货质量与效率，而且少了中间商的差价，在商品的价格上有一定的优势。加盟便利店的采购流程如图 1-1 所示。

图 1-1　加盟便利店的采购流程

（3）加盟总部会对加盟店进行扶持帮助。如果加盟人不是很了解其便利店所在商圈概况，总部会派专员评估门店未来的经营状况，并提供统一的门店装修设计方案和设备，在开业的时候还会提供人员帮助，使加盟人更好、更方便地开设便利店。

（4）加盟总部会提供一些自营便利店没有的品牌商品和增值服务，比如7-11便利店售卖的包子、关东煮、面条、盒饭等多种快餐食品以及代收快递、代交水电费等服务项目，可以大大拓展便利店的客源。

> **小提示**：加盟便利店一定要选择正规的大品牌便利连锁店，切不可为了低廉的加盟费而落入不法商家的圈套。

1.1.3　加盟：获得全方位支持＋全程保姆式协助

加盟便利店与总部有密切的联系，能获得总部全方位支持与全程保姆式协助。一般来说，加盟便利店能获得总部提供的 4 个方面的帮助。如图 1-2 所示。

（1）获得品牌支持。一般情况下自营便利店很少有自己的品牌，自然也谈不上顾客的品牌认知。由于品牌效应的影响，当一个新客户在两家或多家便利店门口举棋不定的时候，他们通常会选择加盟便利店而不是自营便利店。因此，便利店最渴望从加盟中获得品牌支持，从而赢得更多客户的信任和认可，提高客流量和顾客回流率。

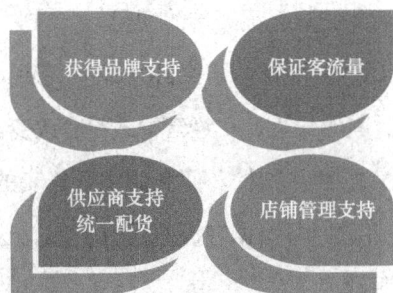

图 1-2　加盟便利店能获得的帮助

（2）保证客流量。网络电商迅速崛起，加上"懒人经济"日益受到白领阶层和年轻人的追捧，线下的便利店受到了前所未有的冲击和挑战。相对来说，加盟便利店更容易获得流量和用户支持，我们可以向加盟便利店导入方圆 0.5 ~ 2 公里内的线上商圈，并自动分配加盟便利店所在区域的网上订单，从而吸引更多的线上客户回流，提高营业额。

（3）供应商支持统一配货。自营便利店没有相对稳定的配货途径，需要不断去寻找，因此自营便利店的进货价格一般比同行业高，而且商品品质和售后服务没有保障。如果便利店通过靠谱加盟的方式，获得供应商统一配货支持，就能提升商品的品质及售后保障，降低进货成本，从而增加利润空间。

（4）店铺管理支持。自营便利店大都是店家自行管理，缺乏对便利店管理经营的系统了解和学习，加上没有专业人士的指导，在遇到突发情况时经常手足无措。而加盟便利店人员在学习了如何使用先进设备和软件系统后，即可掌握先进的经营管理方法，从而提升生产效率。

1.2　你应该卖什么商品

想要了解便利店应该卖什么商品，先要明白便利店是什么。便利店就是方便快捷的小超市。便利店的本质，就是随时随地的便利，繁忙时的便利，足不出户购买商品的便利，购买结账无须等待的便利。

社区便利店，因设在社区而得名；生鲜时蔬便利店，因贩卖生鲜而得名。但是便利店还是便利店，其零售性质、经营模式没有改变。

便利店要有因地制宜的商品结构。便利店主要售卖的商品决定了店要开在什么地方，而不是开了店之后再根据客流来选择商品，这样做会造成损失。所以开设便利店的目的要明确。

便利店虽小，卖的商品种类却一点都不比超市少，但是由于场地和规模的限制，便利店一般会根据开设地点的不同对商品的种类进行调整。本节介绍便利店主要销售的几种商品。

1.2.1 杂货商品

零售商品因种类繁多，一般被统称为杂货商品。目前市面上可见的杂货商品有几万种，然而一般的便利店空间也就几十平方米，根本不可能放下所有的杂货商品。因此，如何选择和组合杂货商品对经营者来说就显得尤为重要。

一般的便利店主要是为了满足商圈内顾客的临时或计划性购买商品的需求，向顾客提供多样与方便快捷的商品和服务。随着人们消费水平的提升以及工作、生活节奏的加快，消费者对便利的需求日益迫切，在追求便利的同时对商品的品质也会有所要求。因此，便利店经营者要充分了解商圈内顾客所需商品的各种性质，保障所经营的便利店"麻雀虽小，五脏俱全"。

便利店中，杂货商品一般包括日常保健用品、家庭清洁用品、日用品、文具用品等，大多是不易损耗且无需另外包装加工便可上架销售的商品。虽然杂货商品的销售成本相对其他商品来讲比较低，但顾客对此类商品的使用率也很低，从而导致商品周转率低，如果大量进货很可能会变成滞销品而影响动销。

1.2.2 速食品

"每天早上和中午都有很多上班族来买早餐和午餐，多的时候都排长队，甚至能排到店外面。"李某在上海方圆大厦楼下的全家便利店工作，她在的便利店售卖关东煮、手抓饼、各色包子等多种加热速冻食品，价格与街边的早餐店、小餐馆差不多。据她说，每天早上和中午是一天中最繁忙的时候，需要提前将手抓饼等食物做好，以免顾客等待太长的时间。

"天气不好的时候，盒饭卖得特别快。"李某还介绍道，现煮食品也非常受消费者欢迎，到下午4点左右关东煮基本会售空。

一项全国性研究调查的报告显示，有90%的受访者一个月内会多次在便利店购物，最主要的消费品类包括食品与饮料。

许多消费者走进便利店一般都是选购食品，尤其是速食品。在便利店的销售品类中，自产研发的蛋糕面包、甜品和盒饭等速食品的毛利高，顾客购买的频率也高，是便利店的主要盈利点。从中国7-11便利店官方提供的数据来看，速食品占其便利店总营收的40%以上。

与街边的无执照小摊贩相比，便利店的食品更加卫生安全，能让顾客放心。许多在便利店购买速食品的顾客觉得，虽然便利店的加热速食品比流动小商贩和早餐店的同类品价格稍贵一些，但出于卫生等方面的考虑，他们依旧愿意选择购买便利店内出售的商品。

此外，便利店还会出售各种饭团、速食盒饭、关东煮、包子等食品，也广受顾客们的喜爱。许多便利店为了让顾客更加便利，一般都会在便利店内提供加热盒饭或是方便面免费冲泡服务。

1.2.3 半成品

王大妈看见手里拿着饭盒的李某，招呼道："下班啦？怎么中午还回家做饭，下午不上班了？"

"上班。我在咱们小区门口的便利店买了芹菜和香干，这些都是半成品，回家直接放在锅里翻炒，几分钟就能做出一道香喷喷的芹菜炒香干。"李某笑眯眯地说。

听了这些，王大妈很惊喜："真的？这么方便！改天我也去看看，这也太省事了。"

自从小区的便利店开始售卖半成品菜后，公司在小区附近的李某感觉做饭其实是一件很简单的事。便利店最近流行卖半成品菜，食材切好、辅料配好，顾客带回家直接下锅，省时省力，颇受快节奏生活的80后、90后欢迎。

便利店半成品菜的目标人群定位于都市白领阶层，这类人群更加关注食品的健康、经济和卫生。白领们下班后不想随便点个外卖或吃个快餐来解决问题，但是因为工作忙、时间紧，他们下班后又不太可能去菜市场或者超市买菜做饭，况且搭配食材也费心费力，最重要的是有些白领根本不会做饭。于是，通过地铁旁或者社区附近的便利店购买半成品食材，花少量的时间吃上一顿自己做的美味成为都市白领的首选。

> **小提示**：如果便利店要售卖半成品菜，除了因地制宜，还要有一定的基础配置。半成品菜食材新鲜尤为重要。如果没有硬实力的话，便利店投资半成品菜需谨慎。

1.2.4 休闲快餐

上海的一家全家便利店内引进了热熟食，保温柜的摆放位置依托收银区延伸展开。在100平方米左右的便利店中，还专门开辟了20%的面积设为休闲区，摆放桌椅，方便那些购买了食物的消费者坐下来享用。

以前，全家便利店的这种做法肯定是传统便利店所不能想象的。但是，随着新零售时代的来临，零售行业发生了翻天覆地的变化，便利店自然也不例外。全家便利店打破常规，新增热熟食商品，为消费者提供便利，很快便赢得了消费者的青睐，进而增加了消费者在店内的消费，尤其是冷热快食的消费。对于便利店来说，冷热快食属于自营商品，毛利率自然会比其他产品高。据统计，这类商品能使店面的整体销售额提升 10%～20%。

如今，休闲快餐已经越来越受消费者的追捧，"快休闲"已经成为一种生活方式。准确地说，"快休闲"是一种新型饮食理念，其在保证食品品质及营养均衡的基础上搭配快速、便捷的服务，从而体现对顾客的人性化关怀。在便利店也能如此，将便利店的一部分改造成休闲区域，顾客仅需要在收银台完成点餐并短暂等待后，即可享受经过大厨精心准备的"大餐"了。

1.2.5 服务性商品

便利店不只卖实物类商品，还会增加一些服务性商品。所谓服务性商品，是指可以直接在网上实现交易的商品，又称为直接电子商务，比如日常缴费业务和售卖旅游票、电影票等服务。虽然服务性商品是一种无形的商品，但却能为便利店带来实质性的收益。例如，顾客准备去便利店缴电费，进入便利店后发现自己想喝可乐，所以他可能会顺便买一瓶可乐等。可见，服务性商品能带动其他商品的销量，可谓是一举两得。

有一天中午，位于天津市南开区的一家全家 24 小时连锁店内来了一位"神秘"的女顾客。之所以说她"神秘"，是因为她走进商店，首先在第一排的食品货架前停留了许久，拿起面包、月饼、饼干等食品之后便不厌其烦地一一查验这些食品的外包装、生产日期、保质期限、生产厂家等。

查验之后，谁也没有料到她又把手里的商品一件件放回了原处，接着又走到第二排、第三排货架，对每种商品都进行了仔细查验。最后，她停在了店内的"自助便民服务终端"前。

虽然女顾客看似非常挑剔，但收银员王姐还是很热情地招呼她："您好，您是新搬过来的吧？我们便利店大大小小的商品共有5000多种，可以说您经常用到的东西都可以在我们这儿买到，比如洗衣粉、洗发水、香皂、针线盒、垃圾桶、雨伞、电池什么的，我们这儿都有。"

"而且平时您充话费、缴水电费、宽带费等，只要在我们这台服务终端机点点屏幕、刷刷卡就可以了。"王姐耐心地为这位女顾客介绍店里的设施。

"是吗？这里还能订机票、火车票，买长途汽车票呀！"女顾客指着屏幕上"公共交通"图标说。

"是的，这是我们店上个月刚开通的服务，这样顾客就不用去火车站、汽车站排队买票了。在我们店里，顾客只需花一分钟就能买全国各地的车票或者机票。"

"是吗？那真是太方便了！以后我就不用大老远跑去缴费、买票了。"说着，这位女顾客满意地走出了店门。

从上面的案例我们可以看出，如今的便利店已经不仅是售卖商品的小型超市，更是提供多样便民服务的商店。

根据顾客的日常需求提供一些常见的便民服务，一般有四类，如图1-3所示。

（1）快递服务。帮顾客代存取快递。

（2）缴费服务。利用自助便民服务终端，为社区居民提供水电费等收缴费业务。

（3）票务服务。包括体育彩票、各类演唱会和讲座门票的购买。

（4）送货上门服务。便利店根据顾客的需要，可以提供送货上门的服务。

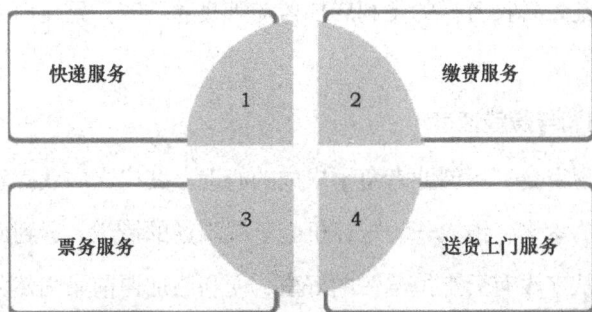

图 1-3　便民服务类型

> **小提示**：便民服务对便利店来说不可多但求精。便利店本来就是小店经营，便民服务应该按附近商圈来规划，不能一股脑儿全提供。

1.3　开店需要哪些投资

开店之前需要准备一定的创业启动资金，资金的多少决定了便利店所在的位置、店铺的大小以及商品种类的丰富程度。本节着重介绍开店时要注意的那些投资细节。

1.3.1　"0 元开店"，不可信

近年来，市场上出现一股创业风，无论是有经验的投资者还是没经验的年轻人都想分一杯羹。为了减小风险，他们一般都会选择加盟连锁形式作为创业的出发点。加盟便利店因其低成本、低风险、高收益等特点成为广受创业者青睐的加盟项目。但是由于监管力度不够、相关制度尚需完善等原因，便利店加

盟市场十分混乱，各种各样的便利店加盟品牌良莠不齐。无良商家常见的一些做法如下。

1. 夸大利润与赚钱速度

许多不法商家会利用创业者急于求成的心理，在广告中大肆宣传，用诱人的利润、动人的承诺，给人一种赚钱机会千载难逢的错觉。遇到此类公司一定要提高警惕，从来没有天上掉馅饼的好事，便利店加盟前景固然大好，但也不可能一步登天。

2. 夸大公司名头

一些不法加盟品牌会打着国际品牌、国外某公司国内分公司等名头，用高大上的品牌描述来麻痹创业者。遇到此类的加盟连锁公司一定要小心，要进一步了解这些打着国际品牌或者有所谓国外背景的公司是否有实体店铺，店铺的数量以及经营状况等。

3. 虚假的办公地点

还有一些不法商家会在写字楼里租用办公室，给创业者造成公司正规、有实力的假象，让创业者认为有正式办公地点的公司必然是可靠的。甚至有的不法商家只会租借一个小地方，放上几张桌子几把椅子，当成办公室，以刚开分部为由骗一个算一个。

建议各位创业者在创业前全面了解公司背景，在网上查询相关证件真伪，了解网友对该公司的评论，切忌盲目投资。

王某是一名刚毕业的大学生，他一直幻想着有一天要白手起家创业赚大钱。有一天王某在上网时无意间看到了一条"0元开店"的加盟信息，因为看网站描述是个大公司，所以他也没想太多，直接上火车奔着总公司去了。到了总公司后王某才发现根本没有什么"0元开店"加盟，那就是个不法商家。

那些打着"0元开店"幌子的商家其实都是不可信的，任何开店经营都需要本金投入，就算是加盟开店也是要付加盟费的。所以"0 元开店"不可信。

1.3.2 你的资金适合开什么便利店

李某向父母借了 20 万元想投资开一家便利店。他在 58 同城上看到有两家便利店要转让。一家便利店开设在公交车站旁，附近还有几幢办公大楼，每天来来往往的人络绎不绝。另一家便利店则是在一家社区门口，附近还有个中学，客流量一般集中在早晚居民上下班和学生上下学那段时间。

李某觉得两家店都很好，但车站附近的那家便利店需要的转让费更高，基本接近 20 万元。

经过实地考察和仔细询问，李某决定盘下社区附近的便利店。李某考虑，如果他盘下车站旁那家便利店就会身无分文，倘若发生什么意外情况也无法处理；而接手社区的便利店后，还有一定的资金可以应对突发情况。

经常有人问，开便利店要多少资金，笔者的回答只能是"因地制宜"。因为不同地方的租金不同、转让费不同、商圈不同、装修不同，便利店定位也不同。开什么店，开多大，商品种类的丰富程度，都是由启动资金决定的。不要觉得投资太少利润也一定不会高。"船小好调头"，投资少，即使面对突发状况或出现失误，也能降低损失、适时挽回。

> **小提示：** 当你瞄准某个项目时最好适度介入，以较少的投资来了解、认识市场，等到有把握时，再勇敢投入，胸有成竹地放手一搏。

1.3.3 如何降低开业初期投资

在开业初期需要大量的资金投入，如何减少不必要的资金投入就显得尤为重要，正所谓好钢用在刀刃上，花钱花在裉节儿上。

减少投资一般有以下3种方法。

（1）选择有一点装修的店铺，可以避免重复装修。而且在装修时要坚持以下几大原则。

①简洁大方的原则

一个便利店要想生意兴隆，很重要的一点就是店面要整洁。便利店和一般商店有着很大的区别，便利店出售的东西比较有限，其中以饮食类为主，而一些日常用品较少，所以说整体的装修最好看上去简洁、大方，给人一种时尚、大气的感觉，这样才能够让顾客有良好的购物体验。

②干净明亮的原则

我们经常可以在大城市里看到一些便利连锁店，比如全家、7-11、罗森等，这些便利店不仅外部装修精美，而且内部也十分干净整洁，照明设备也整齐有序、造型独特，能够使人产生购买欲望。因此，便利店装修设计的时候，应该坚持干净明亮的原则。如图1-4所示。

图1-4 7-11便利店的装修

③方便实用的原则

便利店主要以便利为目的，方便行人或者是过路者购买。所以说在整体设计中，还应该坚持方便实用的原则，让顾客一眼就能看到所有销售的商品，从而便于选购。一般来说，很多装修公司在对便利店装修设计的时候，都比较看重方便实用的原则，即在美观的基础上，考虑实用性功能。

> **小提示：** 因为便利店主要是以便利快捷为主，所以装修最好简洁明了，切不可太过花哨，只要能让顾客感到方便即可。

（2）招聘员工时要设定实习期，因为便利店的员工很多都是短期工职，设定实习期也能省下一笔钱。

（3）根据自己店铺销售产品的情况进货，避免不必要的浪费。不管是便利店还是各类餐饮店抑或是服装店，都会面临如何进货这个难题：货进少了，客人买不到生意也就没了；货进多了，卖不完货物囤积、资金周转困难。这时，我们可以根据“1.5 倍理论”备货。请参看第 5 章相关内容。

在社区开设便利店除了卖商品，还要在社区里积攒市场人气。因此要将商品区分为必需品、普通品和特色品，并做一定的搭配。比如，一些日用品还有油盐酱醋都是生活必需品，有些副食饮品就是普通品，天津十八街麻花、土鸡蛋等就是特色品。要做社区便利店、培养客户，这三种商品就必须同时配备，但各自所占的比例需要由店主根据销售兑现和区域属性自行调查研究。

1.4　你需要采取哪些经营模式

传统的便利店会经营各种杂货商品、洗化用品等。在时代发展的今天，我们可以在店铺中融入生鲜元素，突出便利、快速、灵活等特色，以提高我们的营业效率。本节介绍便利店都有哪些前卫的经营模式。

1.4.1　线上社交模式：微信＋第三方支付＋App

随着科技的不断发展，手机 App 和微信第三方支付软件早就成为许多人生活中的一部分。很多商家也是看中了这一块未开发的市场，不断推出新型实用的 App 给大众带来便利。便利店应该是社区里人群光顾最多的地方，便利店 App 的出现也极大地满足了许多社区住户的购买需求。便利店 App 能否长久地存在下去取决于社区内人们的购买力，因而各个 App 都希望抢占支付入口及广告入口来提升自身的竞争力。

下面我们从 3 个方面来分析如何促进消费者使用便利店 App 来进行购买和支付。

1. 全面的商品和友好的体验

既然是便利店 App，那么线上能浏览到齐全的商品自然是顾客关注的第一要素。因此，一款成功的便利店 App，齐全的商品自然不能少。那么，只要便利店上架足够多的商品让顾客觉得应有尽有就足够了吗，就一定能激起消费者的购买欲望吗？很明显，没那么简单。便利店主要强调的就是方便快捷。因此，一款便利店 App 是否能让顾客体验快捷的同时更有一种宾至如归的感觉就显得尤为重要。

以全家 App 开创的线下体验模式为例。如果你想喝咖啡或者看杂志，全家有商务休闲区；如果你想玩游戏，他们那里还有体感游戏提供；如果你看见新品上架想先试用，你可以在 App 上申请试用……如此注重客户体验的便利店 App 又怎能不勾起顾客的付费欲望呢？

2. 安全便捷的支付方式

App 支付实际上覆盖了一系列的产品和机制，整个支付链条涉及运营商、服务商、店家、终端用户等多方利益。现在的 App 支付方式一般有通信商支付、刷卡付款及应用支付三种。相较于前两种支付方式，应用支付更受到商家和消费者们的青睐。再如上文中提到的全家 App，在支付方式上采用了当下最流行的支付方式——支付宝、微信支付。采用 App 支付，即使消费者出门不带现金，也可把商品带回家。人性化程度之高，可见一斑。如图 1-5 所示。

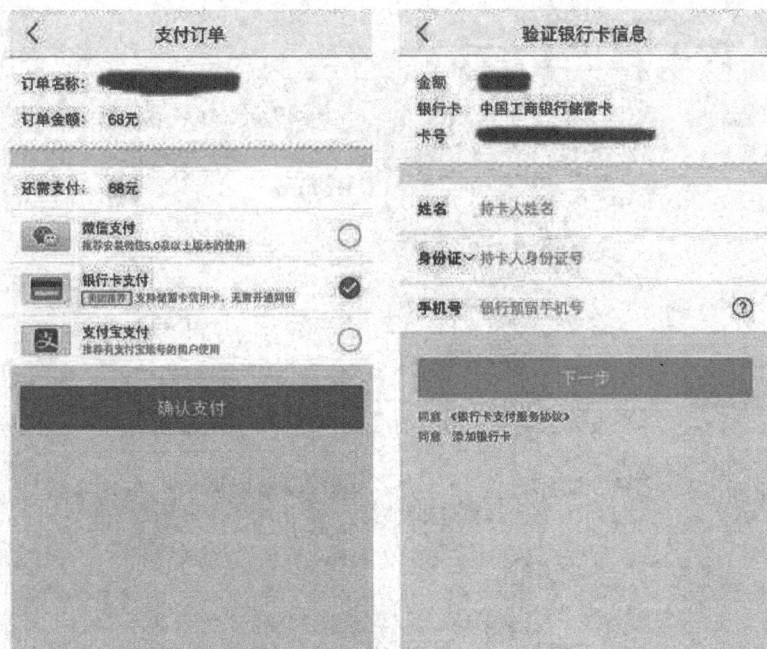

图 1-5　快捷的线上支付

3. 丰富多彩的返利活动

每位消费者都希望在消费中享受到更多的优惠和返利。因此，商家若想吸引消费者，首先要下重金。

罗森便利店的 App 和其他 App 一样，也有消费攒积分的功能。顾客在便利店消费后，根据消费金额就能获得一定的积分。顾客利用该积分不仅可以享受优惠，还可以进行产品兑换，比如手机充值卡、旅游卡、体验卡等，甚至还会获得意想不到的奖品。此外，全家 App 还有一个抽奖功能，它不仅可以提升消费者的积分量，还可以抽奖从而获得一个特殊礼品，比如新商品体验机会等。如图 1-6 所示。

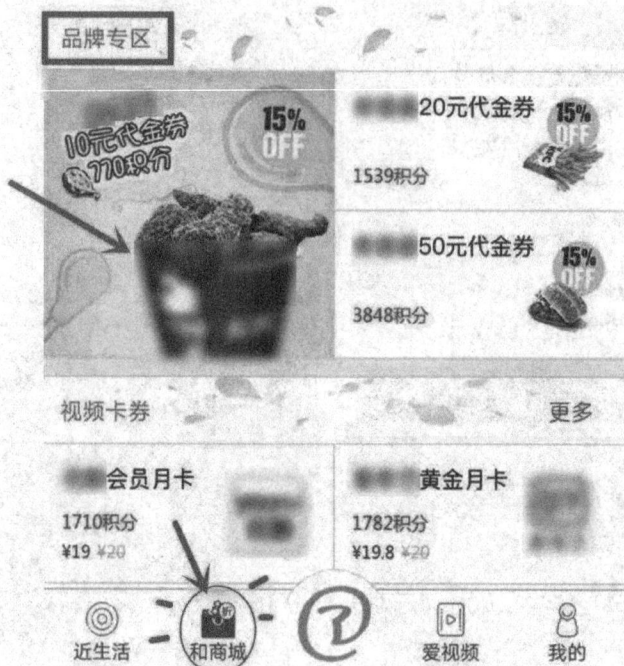

图 1-6　积分兑换奖品

因此，如果便利店 App 想要吸引更多人在上面消费，就应该站在顾客的角度进行考虑，给顾客提供一个经济实惠、商品又多的移动线上便利店。

1.4.2　线上订单模式：便利店 + 网上超市 + 生鲜业务

王某在家做饭时发现忘买酱油了，他立马打开手机里的便利店 App 在上面订了一份酱油，顺便订了一包抽纸。过了不一会儿，便利店配送员就送货上门了。王某收到商品后，在便利店 App 上按下了确认收货的按钮并给了好评。

几天后，王某在家休息，他又打开了便利店的 App，发现上面有生鲜售卖。他选了几样后点下确认按钮，便利店的生鲜很快就送上门了。

在作料、纸巾等日常生活用品告急的时候，你是去社区附近的便利店购买，还是直接利用网上购物送货上门，或是趁着周末休息去大型超市大批采购一番？便利店离家虽近，但是其商品种类、数量和货物更新上都存在瓶颈；网上购物直接送货上门虽然很方便，但有时送来的产品难免不尽如人意；大超市商品齐全种类丰富，但一般都离家比较远，大包小包扛回家很是不便。有没有一种方法能开创一种品类丰富与购买便利兼得的模式呢？

"互联网＋便利店"的合作模式意味着便利店零售业线下线上互相合作、融合的时代正在到来，"互联网＋便利店"的模式最终会把一个 100 平方米甚至面积更小的便利店演变成为一个综合型的生活服务平台。具体来说，"互联网＋便利店"就是利用互联网技术和互联网思维，让互联网与传统便利店相互结合，并对传统便利店资源进行线上线下整合，从而为顾客提供更为方便快捷的商品和服务。而且顾客还可以在手机 App 上下单，便利店服务人员送货上门，以满足居民足不出户又能快捷便利的购物需求。

2016 年 11 月发布的《2016 年中国消费者网络消费洞察报告与网购指南》报告显示，到 2016 年为止，全中国网络用户数量将突破 8 亿，网购、消费、水电煤缴费，在 2016 年一年内移动网络支付次数突破 50 亿次！2016 年网络支付交易金额将达到 14 万亿元。而且在 2016 年"双 11"购物狂欢节当天，阿里巴巴旗下各平台总交易额达 95 亿元，其中移动端的交易额占比 70%。

从上面的数据我们可以看出，在网络技术高速发展的今天，越来越多的用户更加倾向于移动互联网的新型购物模式，移动互联网使用比率正在不断地上升，在"互联网＋"环境下，消费者越来越"懒"，移动购物的习惯渐渐养成，其经济价值毋庸置疑，况且年轻白领们的消费欲望比较强，他们消费的金额越来越高，对服务品质的要求也越来越高。

另外，大多数便利店具有在社区附近的先天特性，再加上消费者的消费行为也在慢慢转变，从即时性、便利性、体验性、服务性这4个方面来讲，"互联网＋便利店"的模式是互联网时代发展的必然趋势！

由于便利店距离顾客比较近，所以，便利店与网上平台相比，配送时间占绝对优势。而且顾客到便利店购物，没有配送成本。可见，"互联网＋便利店"的模式比网上购物平台省时又省钱。

> **小提示**：如今社会经济快速发展，科学技术也在不断进步，今后便利店注定也要加入网上售卖的大军。

1.4.3　线下物流配送模式：送货＋包裹代收＋家政服务

现在经营便利店或超市，已经从单靠店面销售服务转化成也可送货上门的经营方式。当然在经营前期送货上门只是辅助服务，比如现在有很多便利店提供无限制送货上门服务，也就是说可以不计人工成本地送货上门。

这种做法前期看似赚得很少，有些甚至还可能会亏损，但实际上这是一种牺牲眼前利益培养消费习惯的过程。如果消费者体验成功，这样的送货上门就培养了一大群懒人用户，这一大群懒人用户具有如下特点：第一，他们对价格不感冒；第二，他们经常会选择上门送货；第三，这些顾客大多消费能力强。送货上门时间段在社区便利店一般晚上居多，为写字楼提供服务的便利店则是集中在下午送货上门；第四，如果能同时增加便利店的商品种类、提升产品的质量并提供更多的服务，就可以赢得更多的网上订单。

送货上门的存在基础是年轻白领的消费观念以及网上购物方式的兴起。

便利店的送货上门服务将是社区便利店发展的新形态，以送货到家为主要业务的社区便利店一定会受到顾客的喜爱。

送货上门服务，需要为用户提供以生活日用品、烟酒副食、纯净水等为主的产品。此外，便利店还要经营一些附加服务类产品来吸引顾客。服务类产品包括：家政服务，水电话费充值类服务，网上代购类服务等。

不管是什么便利店，如何经营都避免不了客流量、营业额和利润这些方面的影响。其中，客流量这一因素的影响是最大的。其实社区超市送货上门的目的就是解决在激烈竞争中，因为便利店位置不好等因素而处于下风的问题，用送货上门的方式可以减少这些方面的不足，这样，许多问题就迎刃而解了。

门店位置不好，是客观选择上的因素。要增加客流量，除了送货上门这种把战场从线下转移到线上的方式外，主动推广必不可少。主动推广的方法后面会谈及，这里就不再一一论述了。

便利店的利润关系到便利店的兴衰，也是便利店开店的基础；开店初始的基础营业额也要根据利润来进行计算，这也是开店的定位首要因素。

当然，位置是首先考虑的要素，所以，地理位置是开便利店的首选条件。但是如果没有最好的位置，就要考虑如何用最少的钱去开这个店铺，用哪些方法与别人竞争；地理位置相对较差的店面可以节省房租费用，但是节约下来的房租就要用于推广，在提供更好的服务体验方面去下功夫。

现在很多城市中电梯公寓的一楼都有很多便利店，同行之间的竞争也很激烈。如何在众多便利店中脱颖而出，网上超市的优势就适时突显，在这种同类竞争中，网上便利店显然会更具优势。毕竟大部分在公寓里住的都是年轻白领这类人，他们会经常接触网络，对网络的依赖程度很高。开店前只要多多留意小区内的网购人数就可以知道市场潜在客户的多少，比如观察一天中快递员来的次数，再比如多去问问楼下的保安门卫。这些都是确保你能赢得竞争的必要因素。

网上便利店就相当于你把竞争从店里做到了消费者家门口。

既然是新型的便利店就要有独特的服务空间，在社区中代缴水电物业费等各种费用、收发邮件包裹、送货上门，这些便利都是以前那些便利店和大型超市商场所不具备的，但却是顾客最为需要的。

小提示：在时代发展迅速的今天，单一的便利店经营方式很快就会被淘汰，追求多元化的经营模式才能让自己在众多便利店中立于不败之地。

1.5　你需要学习哪些成功的 O2O 便利店

O2O（即 Online To Offline，指线上线下一体化）发展至今，便利店一直是许多商家必争的地方，在一些知名便利店的数据里，仍然有许多重要的顾客信息值得商家去发现，如用户习惯、消费时间等。下面本节选取几家极具代表性的 O2O 便利店，为大家介绍这些便利店有哪些成功的地方是值得我们学习的。

1.5.1　7-11：逐步成为全球第一的成功秘诀

在零售业普遍有一种说法："全球只有两家便利店：7-11 和其他便利店。"如图 1-7 所示。7-11 能至今屹立不倒与它的理念和经营模式是分不开的。因为在时代迅速发展的今天，传统连锁零售企业正在步入黄昏，传统加盟连锁模式的零售商也因为线性增长的商业逻辑，边际成本越来越高。

图 1-7　7-11 便利店的 Logo

在这个信息就是生命的时代，7-11 的创始人铃木敏夫十分重视信息系统。他本人也坚持每周亲自主持总部会议以便及时了解与加盟店经营相关的信息。可以说 7-11 不仅是一家商店，更是一家庞大的数据公司。铃木先生不仅重视信息的更新，也极具行动力。他经常会说"站在顾客的角度来看"而不是"为了顾客应该怎么样"，这就是铃木先生的经营哲学，也是 7-11 的经营哲学。

7-11 会真正站在顾客的角度进行思考，铃木也曾经多次阐述过自己的变通思路。市场大环境是在时刻变化的，作为经营者就要时刻给予应对，经营者要拿出勇气来进行自我改变，将过去的经验抛之脑后，积极面对今后的发展。便利店发展的最大敌人其实就是顾客瞬息万变的需求。

铃木先生认为他们不是在做便利店，而是在做"信息管理"。在经历了信息系统改革后，7-11 形成了独特的会议体制与监督系统，同时形成了各个层面的信息交流形式，这不仅有利于信息与经营诀窍的共享，还能促进各个部门之间的协调联动。

"假设之后进行实践，再进行验证"正是 7-11 长久不衰的经验根基，这已经成为每一家 7-11 便利店的常识。

1.5.2 全家："互联网"背后藏着三大法宝

全家（FamilyMart）作为早期便利店品牌，2004 年进驻上海，到 2017 年全国发展到 1900 家门店。

对于这么多的门店的经营管理，全家有三大法宝。

1. 有保障的商品和供应链

任何便利店的运营都离不开供应商的供货，而全家则是先建立区域鲜食加工工厂和物流公司，再进行门店的拓展。

2. 精准的会员大数据系统

有了稳定的运营保障之后，全家的许多会员数据在日益激烈的竞争中也起到了重要作用。"会员数据 + 互联网 + 云端计算 + 智能手机 App 互动，从而使加盟店、单独客人、单独商品、单独时段、单商圈的精准营销成为一种必然！"这就是"全家 + 互联网"的战略眼光。

3."连得上也锁得住"的连锁加盟体系

全家的加盟店约有三分之二都是由内部员工加盟，被外界戏称为"合作模式"。全家还有一个强大的员工培训系统：全家在全国设置了 13 个训练中心，负责全国加盟人员的学习与培训，而且还有主管巡店，现场手把手教学。

1.5.3　叮当小店：平台 + 模式 + 优秀的用户体验

叮当小店也是一家极具代表性的 O2O 便利店，它主要以线上订购商品 + 线下派送的方式，主做社区便利店，开创一种新的购物消费模式。顾客可以利用叮当小店的 App 进行线上下单，然后由叮当小店在一小时内送货上门，满足那些因各种原因不想出门消费的群体需求，让他们不出门，不排队，购物更轻松。而且叮当小店的加盟除去了便利店开设必要的线下商铺、大型设备、员工成本等资源，非常适合众多微小创业者的加盟入驻。

现阶段，顾客从之前只关心商品的价格转变到越来越注重商品的服务。而叮当小店在不仅能够带给消费者满意的商品的同时，无论是对合作供货商还是消费者，都会提供贴心的服务，不仅加强了合作，也让消费者买得省心放心。

叮当小店除了在新型便利店模式和顾客的忠诚度上都有很大的优势外，对于那些加盟商，叮当小店也拥有许多加盟店所没有的优势。叮当小店的创新创业模式，没有便利店线下店面的租赁费用，也省去了电子设备、员工成本等许多资金投入成本。用最少的投入，换取最大的利润，这就是叮当小店相较于传统便利店最大的优势所在。

便利店的售后服务是许多人关心的重点，同样也是叮当小店最为关注的一方面。这不仅是信誉的问题，更是消费者购物关注的重点。因此在这方面，叮当小店一直都在努力做好，让每一位消费者和加盟合作商满意。

第 2 章

店址、店面、店名，直接决定便利店的"钱"程

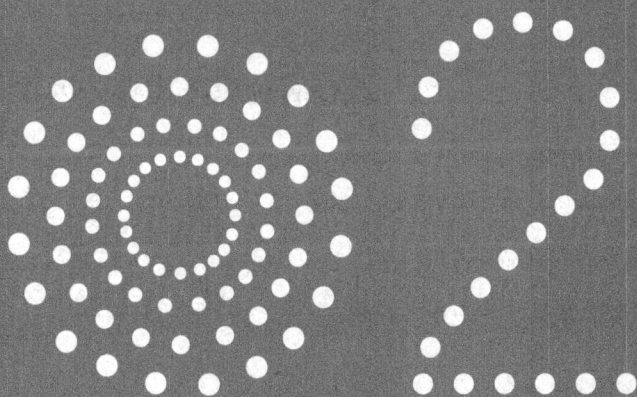

我们决定开一家便利店时，首先会考虑选址的问题，也就是开在哪里会赚钱；其次是店名，有人说"人名就代表了这个人"，那么店名就代表了这家店；最后是店面，店面就好比一个人的相貌，一个好的店面必定会给顾客留下深刻印象。本章讲述在开设便利店之前如何选址以及开店后如何命名和如何布置店面等问题。

2.1　选择店址应考虑哪些因素

俗话说，好的选址是成功的一半。在什么地方经营对于所有零售行业来讲都是至关重要的，特别是便利店。地理位置好坏往往决定了便利店的兴旺与否。每个便利店的店址都会有优劣势，因此在选址时我们要结合多方面因素来考虑。

2.1.1　人流状况

王某一直想开一家便利店，她在选址时发现有一个社区附近没有便利店，她觉得自己的机会来了。火速在社区门口附近盘下了一间店面，风风火火地装修过后，王某的便利店就正式开张了。

可是好景不长，王某发现虽然社区附近就她一家便利店，但每天来店里的人却很少。后来王某经过调查才发现，原来这个社区根本就没什么人住，而王某只注意到了社区没便利店减少了竞争，但她却忘记了没人气的社区怎么可能会有顾客上门购物呢。

人流量影响着客流量，而客流量决定了一个店铺的营业额。便利店成功的另一个关键因素是客流量足够大。客流包括现有客流和潜在客流，便利店的开设总是力图处在潜在客流最多、最集中的地点，以便多数顾客购买。一般来说便利店的客流量可以分为三种类型。如图 2-1 所示。

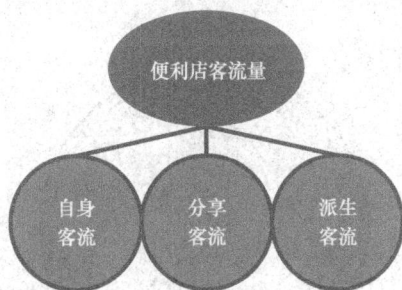

图 2-1 便利店的三大客流量类型

（1）自身客流，指的是那些有目的的专门为购买某些商品而来的顾客，这是便利店客流的基础，也是便利店销售收入的主要来源。因此，在开设便利店选址时，首先应该考虑便利店周围自身客流量的大小和发展潜力。

（2）分享客流，指的是和附近便利店一起形成的人流量中的客流量，这种分享客流通常产生于经营商品相互补充且经营类型不同的便利店之间，或大超市与小便利店之间。如经营一些生鲜商品的便利店，顾客在购买了这些商品后，也许会附带到邻近副食便利店去购买调味料等供日后进一步消费的补充商品；又如靠近大型便利店的小便利店，会吸引一部分专程到大便利店购物的顾客顺便到毗邻的小店来。不少小便利店傍大店而设，就是为了利用这种分享客流。

（3）派生客流，是指那些顺路进店的顾客所形成的客流量，这些顾客并非专门来便利店购物。在一些旅游景点、交通枢纽、公共场所附近设立的便利店主要利用的就是派生客流。

2.1.2　商圈状况

商圈，指的是便利店所在地能够交易的范围。比如徒步区的便利店可能是方圆 350 米左右，而乡镇区则可能是周边 1000 米左右（交通不便、缺少竞争对手等），具体状况要具体分析。如图 2-2 所示。

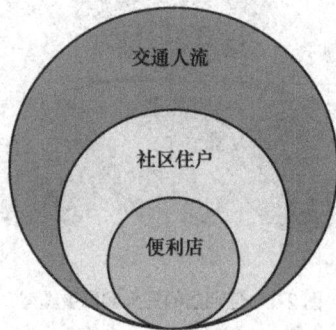

图 2-2　商圈的大致状况

通过对商圈进行调查，可以有效地判定便利店的大致所在地，在周边范围内具有购买意向的人口、人流量和人均消费水平。通过实地评估，可以判断该便利店所在的地理位置是否便利、人口的流量如何、车流量如何等，判断该地点是否适合开店。而且商圈的变化时常制约着便利店的营业额，所以在开店的时候，商圈的设定就显得尤为重要。

一般来说，便利店覆盖面越大，商圈也会越大，但事实却是，任何一家便利店周围必定会有竞争对手，经营业绩也会被竞争者一起瓜分，所以对商圈的评估事实上充满了变数。开设一家成功的便利店，要考虑的条件还有很多，但商圈对于便利店的发展影响可谓举足轻重，因为一个商圈的好坏会直接影响到便利店营业额的多少。如何选择一个好的商圈，对便利店日后的经营发展有很大的影响，因此在开店之初就对商圈有明确的了解显得十分重要。商圈可以从不同的角度分类。

1．从交通方式对商圈进行分类

（1）以徒步为主的商圈。这种商圈一般分布于居民社区、办公大厦附近，以店为中心，辐射半径一般为 100 ～ 300 米，以行走方便并且出入自由为主。

（2）以车辆动线为主体的商圈。这种商圈一般都是在郊区或是马路边，有方便的停车空间及良好的视觉效果，能满足一般私家车主所需的商品。

2．从区域大小对商圈进行分类

（1）邻近中心型。它的商圈一般大小为半径 100 ～ 300 米，也就是徒步商圈，这类商圈一般都在社区或商业地区人口较为集中的地方。

（2）地区中心型。它的商圈一般大小为半径 1000 米左右，也被人称为生活商圈。

（3）大地区中心型。以此地为中心向外扩散的商圈。

（4）副都市型。一般在公交车站较多的地方，可以换乘车，交通流量比较集中。

（5）都市型。都市商圈的所在一般是城市的周围。一般人流较密集。

3．从区域的特点对商圈进行分类

（1）住宅区。各种住宅小区以及居民楼附近。

（2）教育区。大中小学以及各类补习班的附近。

（3）办公区。办公大楼林立的区域，尤其是办公一族叫外卖比例很高的区域。

（4）商业区。商业行为集中的地方，随着人流量的增加，各种商店也逐渐聚集在此。

（5）娱乐区。以休闲消费为主的商圈，通常玩乐之后，需要补充精力的人群会光顾此地。

小提示：根据商圈的不同，便利店所出售的商品种类也应该有所不同，具体还要看所处的商圈顾客需要什么。

2.1.3　交通状况

位于天津某花园小区旁的便利店是于某今年刚开始营业的。在营业之初，于某就发现了重大问题，该小区不允许货车进来。于某不能通过货车来补货，只能用自己的小汽车，而小汽车补货量有限。

于某对此也没办法，只能干着急。

交通条件良好是便利店选址的一个重要因素，这决定了便利店经营的顺利发展和流动顾客购买商品的顺利进行。从便利店的角度来看，对交通状况的评估主要包含以下两点。

（1）在店铺的门口与附近，是否有足够的停车位。

（2）装卸货是否方便。如果交通不便，补充货物时的运输费就会大大上升，利润就会受到影响。

如果是设在公交车站附近的便利店，就要分析公共车站的性质，是中途站还是终始站，是主要停车站还是一般停车站。一般来说，起始站、终点站、主要停车站客流量大，便利店可以吸引的潜在顾客较多。要分析交通管理状况所带来的有利与不利条件，如单行线街道，禁止车辆通行街道，街道的护栏与人行横道距离较远等因素，都会造成客流量在一定程度上的减少。

小提示：在开店之前一定要对便利店周围的交通情况进行考察，不能只看到客流量而忽视了交通情况。

2.1.4　竞争状况

便利店周围的竞争对手会对店铺的营业额产生巨大影响，因此在选择开店地点的时候一定要分析周围的竞争对手。

王某在某中学门口开了一家便利店，但生意一直不好，营业额也上不去。她很奇怪，明明自己的店址选得很好，为什么就没有人来呢？经过调查她发现，原来在不远处也有一家便利店，但这家便利店的商品比王某家的商品种类要丰富得多，而且那家店还经营书籍业务，许多学生学习要用到的参考书那家店都有。所以学生们一般都会去那家店购买商品。

从上面的案例中我们可以看到王某在开设便利店时只考虑了地理位置的优越性而忽视了附近的竞争对手，因为对手不仅经营日常的商品，还销售各类书籍，满足了目标消费群体学生的独特需求，从而使得王某的店门可罗雀难以发展。因此，我们在为便利店选址时，不仅要注意地理环境，也要注意竞争对手。

> **小提示**：作为便利店还是尽量选择在商店相对集中并且有发展前景的地方，对某些经营针对性选购商品的商店更应如此。

2.1.5　成本状况

王某在某社区的门口开了一家便利店，每天来他店里的客人络绎不绝。但每个月末，王某在算账时都会发现他的利润一直不高。到底是哪里出了问题呢？经过调查，王某发现，虽然便利店里每天入账金额很高，但王某每个月的店租也很高，再加上水电费和员工费用等，七七八八扣除之后，店里的纯利润并不理想。

事实上我们在开店选址的过程中经常会忽略成本问题，一些转让二手店铺的房东总强调毛利润有多少而让人忽略了真正的纯利问题。所以我们在开店时一定要注意开设便利店的全部成本要多少，能不能赚钱，能赚多少。

那么开便利店需要多少钱？开便利店的成本构成大致有以下几个方面。

（1）房租。普通便利店如果客流量一般，房租不会超过每月2万元。但也有店铺月租要四五万元的，这个会根据店铺的大小和客流量有所浮动。

（2）加盟费。开便利店如果是加盟，加盟费一般在0～1万元，加盟费的多少取决于你加盟的是哪家便利连锁店。而且加盟商会指派人员亲自指导开店，加盟商出售的便利店设施会比自己采购的贵一些，但有质量和售后的保证。

（3）手续费。开便利店如是自营，就要在当地的工商部门办理营业执照，相关手续费用不能少，只要开店就必须要。

（4）设备购置费。开便利店必要的电子设备和货架也会发生购置费用。设备包括：冰柜3000元左右，收银机3000元，监控设备300元，电脑设备也在3000元。货架可以通过二手市场去选购，相对会比较省钱。

（5）进货费。便利店的商家根据自己所在的商圈合理上货，上货多少也要考虑客流量，以免进货太多占用较多资金。

（6）开便利店的仓储货物费用。一般情况下便利店的进货原则是少货多进。如果有多余的货物一般都会放在店里的储藏间，所以几乎不产生费用。

（7）员工费用。如果是夫妻开店，可以不雇用员工；如果是单人开店，就要看店铺的大小了，一般情况下50平方米左右的店会雇用两三个员工进行三班倒交替上岗。每个员工大概月薪2500元左右（根据所在城市会有所变动）。

（8）其他费用。比如水电费和物业管理费，标准根据所在地的情况而定。

2.2 租赁店面有哪些注意事项

一户商家在对租赁商铺经营一段时间后，如果经营不善，通常会考虑将承租的商铺转让或转租。承租一个商铺时一定要搞清楚商铺的真正产权人是谁，如果现在的经营者不是产权人，那么就涉及转租或转让的问题。在商铺租赁中，转租和转让的现象十分普遍。

转租，就是指第一租赁人在租赁期间将房子转租给第三人，但在转租时经过了房东的同意，而第一租赁人与第三人之间也有租赁合同。

转让，就是指第一租赁人突然不做了，将店面转给第三人，第三人在缴纳一定转让金后仍然在原址开设便利店。

不管是用什么方式租赁的店铺，现租户与上一位租户都有"转让费"的关系。即上一位租户在租赁商铺时在店铺的装修上投入了资金，在转让时要求新租赁的租户给予一定金额作为补偿。就算是没怎么装修或是根本没装修，上一位租户仍可以向新租户要求给予转让费。只要双方协商一致，索要转让费并非违法行为。

小提示：在租赁店铺之前，一定要查清楚房子的产权人！

2.2.1 巧妙盘店促开张

李某如今已经拥有了四五家便利店。当初他白手起家之时，看到天津市区某路的十字路口旁有一家 50 平方米左右的便利店要转租，李某当机立断想要盘下这家便利店。

但原先的店主提出转让费 3 万元，一分钱都不能少，而李某也没有那么多钱。因此李某就想了一个法子：让原来的店主帮忙经营便利店三个月，他每个月给店主 3000 元工资，如果便利店真能赚钱就选择租赁下这家便利店，不赚钱的话就算了。

原店主非常开心，居然有人不要店还给他发工资，简直就是天上掉了馅饼，于是就赞同了李某的建议。

随后李某运作便利店，并以生鲜半成品和速食品进行推广，店内人气很旺，三个月后他净赚了 3 万元，正好可以付转让费。

根据上面的案例，李某的运营模式实际上就相当于变相贷款，每月 3000 元就是贷款利息，他利用便利店亏损、老板着急想要盘出去的心理，用额外的小利息让老板有了"每个月都有钱拿"的想法，从而获得合作机会。而且对李某来说试营时间又给了自己一个"船小易掉头"的缓冲期，如果便利店在自己接手后仍然没有起色，说明这家店也许就是一个"死铺"。

2.2.2　店面租赁谈判技巧

店铺的租赁费用应该是开店人最为关心的一点，具体费用全靠双方的相互协商，因此谈判租赁费用就显得尤为重要。

砍价是有技巧的，首先看商铺，你要觉得能赚钱。然后询问房东租赁的房子能开什么店，对开店人有什么要求，最后才是房租的问题。

在与房东进行价格谈判的时候，言语中应该带有善意，在了解店铺的整体情况后再进行合理的砍价。在租房谈判的过程中，力求双方都能获得利益。谈判砍价只有一个技巧，就是维持一个张力平衡，在你想要租的商铺和房租之间做出平衡。

小贴士：不要一味追求价低，正如人们常说的那样，"天下没有免费的午餐"，如果一味砍价，最后协商失败，可能反而得不偿失。

2.2.3　签订店面租赁合同需谨慎

店铺租赁合同涉及多方面的利益，金额通常较大，签订时要谨慎，最好请专业人士把关，以免合同履行过程中出现纠纷甚至引起诉讼。下面分别介绍合同签订前后应注意的一些问题。

1．调查商铺的产权

承租商铺之前，要去该店铺所在房地产交易中心进行产权调查，确认下面三个重要的信息。

（1）租赁的房屋必须确保是店铺类型的，不然后患无穷。

（2）在签署合同时确认对方必须是房东或者是二房东。

（3）确保房屋没有存在过店铺租赁登记信息，否则会导致承租人无法更新店铺租赁登记信息和办理便利店营业执照。

如果自己无法查清楚的话，可以委托律师到相关部门进行调查。

2．免租装修期

在签订租赁协议时一般会注明在装修期间免收房租，因为在签完合同之后不可能马上就开张营业，必定要先进行装修，这时，出租人一般会同意不收取承租人在装修期间的租金。但"免租装修期"非法律明确规定，因此，在签订租赁合同时一定要明确约定免租装修期的起止时间，免除在此期间的租赁费用。

3．营业执照

开设便利店租赁房子最重要的就是要取得合法的营业执照。在和房东签署店面租赁合同的时候，需要根据营业执照的需求来进行，主要涉及以下4个方面。

（1）上个店家有没有将登记信息清除，如未清除会导致无法更新登记信息，从而使营业执照无法办理。

（2）如果上个店家已经办理了营业执照但还没有将登记信息清除，这也会导致营业执照无法办理。

（3）房东没有告知房子不是商业房，从而无法办理营业执照。

（4）许多便利店在营业时会涉及餐饮，这需要经过各个部门的检查考核通过，在取得治安许可证、卫生许可证等证件后，方可取得营业执照。

4．装修的处置

在商铺租赁后，装修设计通常会用掉大量资金。为了保证店铺装修的正常进行，在合同中应当注意以下三个问题。

（1）在签订合同时应标明房东对店铺的装修持同意意见，特别是房东对改建、新搭建项目的意见，要约定清楚。

（2）解除合同的违约责任，在装修之前应与房东协商一致，如果违约应做何等赔偿，以降低自己所遭受的损失。

（3）注明在租赁期到期之后，装修的设备应当如何处理。

5．水电等管线改造

因为租赁的是商铺，会对水电和宽带网络有所需求，然而这些资源又会受到各种原因的影响，因此在租赁之前应去实地考察是否满足自己便利店的需求，然后在合同中明确约定相关内容，并约定若是无法满足，自己有权利解除合同。

6．租赁登记

租赁合同要经过登记认证，登记认证主要是为了保证以下利益。

合同是否登记并不影响其法律效力。即使没有办理备案登记，合同依旧会满足条件生效且具有法律效力。但是，经过登记的合同相对更有保障，比如，房东将商铺同时租给两个人，其中一个合同办理了租赁登记，另一个没有办理租赁登记，法律就会强制要求房东将店铺租赁给办理过租赁合同登记的人，而且房东还要承担违约责任。

因此，建议商家在租赁之后尽快去地产交易中心办理租赁合同登记备案。因为，一般情况下办理营业执照，工商局都会要求将租赁合同进行备案登记。

7．转租问题

在租赁店铺时经常会遇到二房东转租的情况。遇转租时，需要注意以下问题。

（1）转租时必须经过房东的同意。

（2）一般情况下原先租赁的商家会向新租赁的商家索要一笔补偿费用，但这并不是法律要求的，具体金额也要通过协商之后确定。

刘某在某校区附近租了一家商铺做餐馆，生意如火如荼。但好景不长，几个月之后就有住户因为油烟问题向环保部门反映。环保部门上门调查之后要求刘某重新设置排烟管道。刘某很生气：房东明明知道没有排烟管道，却还是把商铺租给她当餐馆，让她白白多花掉 5 万元装修排烟管道。

小提示：在与房东或开发商签订租赁合同之前，要多次去实地考察，提前熟悉合同内容，切勿随意浏览就盲目签订。

2.3 让便利店名字成为金字招牌

店名就如同人名一样，一个好的店名会吸引顾客。同时，有些店名也可以让人看出店主的文化修养和经营理念。

店名要能反映经营特色。取店名时应该注意以下 3 个方面。

（1）不用生僻字。便利店的名字应该通俗易懂、朗朗上口，切记不能使用各种生僻字使顾客不知所云。便利店的名字也是向顾客推荐自己的最好手段，如果有顾客想向朋友推荐一家店铺，却因为不认识字而叫不出店名，对便利店来说无疑就少了一个客源。

（2）不取没有意义的名字。便利店取名切记不能让顾客不知所以。比如各种字母数字的组合，或是模仿别人店铺的名字改动几个或其中一个字，都会让顾客感受到不舒服。

（3）不随意改名。频繁更换店名会让顾客以为便利店经营不善，从而产生商品也好不到哪儿去的错觉。因此最好在开店时就选定一个店名，切不可随意更改。

为便利店取名要让顾客看出你的店便利在哪儿，你的商品优势在哪儿。而且便利店的命名要符合经营特色，可以使消费者在众多商店中快速识别出你的店铺，并产生购买欲望。店名最好有顾客视线中最需要的关键字，比如全天、二十四小时等，这样店铺才更易被顾客关注到。比如"全天方便零食小店"这个店名就包括了全天、方便、零食等几个关键字。

> **小提示**：虽然店铺的名字要有经营特色，但也不能不合法，以免因为名字而带来不必要的麻烦。比如"八一""110""中国""国家"等字样和一些绝对用语就不能使用。

2.4 美宜佳：全方位考虑营商环境

营商环境包括影响便利店生意好坏的社会要素、人均收入等多方面要素。营造良好的营商环境是一项涉及多领域的系统工程。一个地区营商环境的好坏直接影响着各个投资商对地区的投资多少，同时也直接影响着区域内的各行业经济，最终对地区经济发展状况、财务收入、社会就业情况等产生许多重大影响。可以说良好的营商环境是体现地区经济软实力的一个重要表现。

知名的美宜佳连锁便利店在选址时也充分考虑到了营商环境。因为便利店经营是长期的、固定的，店址一经选定，营商环境就基本定格，且需要投入大量固定资本对店铺进行装修和建店，在短期内不能变动，这时选定的店址就好比是一种固定成本，它直接决定着便利店的效益。便利店分布开始趋于密集，在规模、商品构成、经营服务水平基本相同的情况下，好店址就成为取胜的关键。店址周围环境、人口、交通、市政等特点，制约着便利店的客源、商品、价格等，对便利店的发展起着决定性的作用。

第 3 章

卖场布局要合理，摆放规划要巧妙

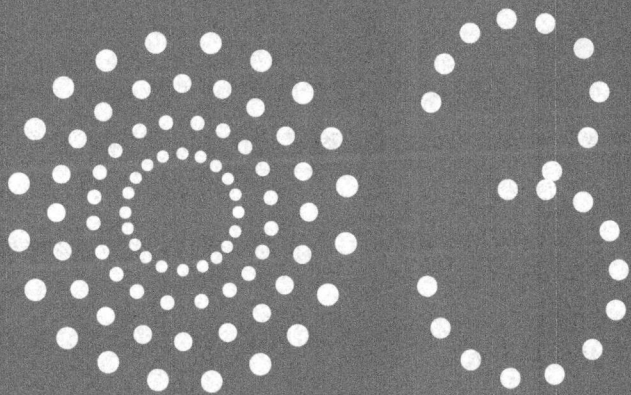

便利店卖场布局与商品摆放对商品的销售有很大的影响。便利店一般都是自选销售模式，通过新颖、有朝气、更具吸引力的卖场布局和商品摆放，可以直接或间接地提高便利店的营业收入。本章讲述便利店布局和商品摆放要注意的问题。

3.1 便利店店内布局两大原则

日本的 7-11 便利连锁店曾经做过一次市场调查，得出的结果令人十分意外：消费者对商品价格的关注程度不到 10%。而顾客最关注的前三位居然是开放易进入，商品丰富、选择方便，环境明亮整洁。这三者分别占到 30%，17%，13%。作为国内的便利店，在店面布局设计时，也可以参考借鉴这三个原则。

3.1.1 开放易进入

张某在小区门口开了一家便利店，由于是刚开店，张某又是一个人创业，忙里忙外把货物都堆到了门口，便利店门口显得很拥挤，进出极其不便。门口很狭小，来店里购物的人也不多。张某很郁闷，明明是小区门口而且小区的住户也很多，为什么就没有人来他的便利店购物呢？

很多便利店或社区超市内的商品种类丰富价廉物美，但就是没有多少人光顾。一家便利店的门面大小很多时候决定了顾客是否会进店购物，因此便利店的门面设计一般都会大一些。此外，如果便利店门面够大，可以考虑在门口附近摆放小商品，并在上面写上促销标签促进销售。这样做的目的，就是吸引顾客到便利店来消费或是吸引顾客进入便利店，增加营业额。

3.1.2　延长顾客在店购物时间

经过对许多商家的调查研究发现，因直接需要来便利店购买商品的顾客只有 20% 左右，许多人进便利店都是随机性购物和冲动性购物。所以，便利店商品的丰富性和购买的便利性，对顾客的购买体验有着重大的影响。因此如何通过店面设计使顾客在便利店停留的时间更长，是便利店在具备了足够丰富的商品和购物的便利性之后要考虑的。

（1）便利店入口的设计。苹果前 CEO 乔布斯在设计苹果零售店时就明确表示：苹果的零售店有且只能有一个进店入口，这样才能更加全面地照顾到顾客的购物体验。

对商场入口的设计要点，国外很多便利连锁店都做过不同的研究。在入口设计的尺度方面，不管店铺的规模大小，收银台入口应尽可能做得开敞一些，以便于顾客进出舒适。在入口设计的开放性方面，店铺的大门应该永远向顾客敞开，并且进入店铺最好不设台阶。调查研究显示，便利店每增加一阶台阶，顾客的流失率就会增加 10% 左右。

（2）便利店的走道设计。便利店的走道对整个店铺的人流导向起着十分重要的作用。它对购物者情绪的影响也是很大的。设计时既要考虑到便利店整体布局的规整性，方便经营空间布置，又要避免过分对称和规则的布局给顾客带来的"寻路"障碍。

（3）店铺流线的设计。店铺流线一般分为直流动线和环流动线。所谓直流动线，就是顾客从一个门口进来，从另一个出口出去；环流动线就是便利店的入口和出口为同一个，便利店利用这种流动线设计可以延长顾客在店购物时间，有些便利店会在确保通道线畅通的前提下，在直流的通道线上改装一个圆弧，增加动线的长度，而顾客的消费体验也比单纯的直流动线更具多样性。

（4）便利店环境的考虑。便利店也可以通过适当改造，比如通过休闲业态来留住顾客，有些便利店会在店内摆上几张小桌子和几把小凳子方便顾客休息。

国外的一项调查显示，在零售店里播放柔和的音乐，会使销售额增加 40% 左右，而快节奏的音乐会使顾客在商店里停留时间缩短且购买的商品减少。

同时，需要注意的是，便利店的整体设计都要融入顾客的消费习惯、消费行为及美学、广告学等知识，为顾客创造出轻松、休闲的消费购物环境，这时，顾客的停留时间自然会因为整个环境的舒适而在不知不觉中延长。

> **小提示：** 便利店的面积一般都只有 50 ~ 100 平方米，因此合理地将区域分隔开来延长顾客的停留时间就显得格外重要。

3.2 便利店的功能区域划分

便利店虽小但也有一个个的分区，如果只是将商品杂乱无章地摆放在一起，肯定会使消费者的购买欲望大大降低，因此合理安排商品的摆放区就显得尤为重要。便利店可按功能大体划分成以下几个区。

（1）计划购买区——主要摆放的商品一般是大部分顾客本来计划要买的商品，如生活用品、奶制品、面包等。

（2）一般购买区——主要放置顾客日常需要购买的商品，如洗漱用品、杂货等。

（3）冲动购买区——主要摆放的商品一般是顾客随机想购买的商品，如糖果、冰棍、促销商品等。

（4）收银台服务区——可放置口香糖、糖果等小包装商品。

图 3-1 所示为某便利店的布局。

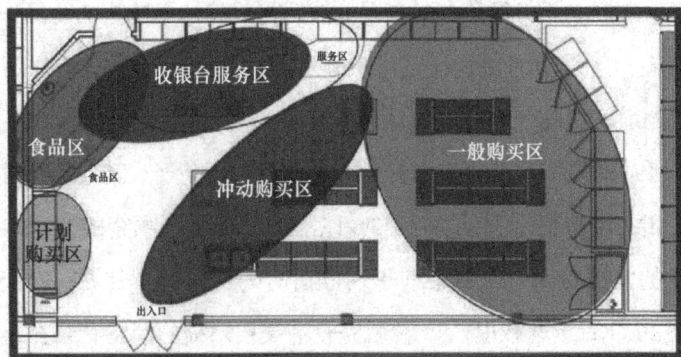

图 3-1 某便利店的布局

3.2.1 计划购买区

计划购买区也叫目的性购买区。该区放置的商品一般是消费者在进店购买之前就已经决定要购买的商品。比如便利店内所卖的盒饭、便当等速食品和牛奶、果汁等饮料。这种顾客在便利店的重复购买率很高，或者是在购买之前就对要买的商品很了解了。顾客一般是回头客且经常购买这种商品，或是受到朋友同事的推荐来购买的人。

3.2.2 一般购买区

一般购买区也称为零售购买区。一般购买区内放置的商品，多为顾客日常需要的商品，比如日用杂货、小商品、洗漱用品等。

一般购买区多设置在便利店内的中性区域，经常是顾客容易看到商品但又不是必须经过的区域。

3.2.3 冲动购买区

许多人都有过这样的经历——原打算去便利店购买某样商品，但在走进便利店后拿起一种原本不打算购买的商品，然后将其和计划购买的商品一同付款。

冲动购买一般是指消费者在进店后才做出购买决定，这些购物意愿并不是顾客在进店之前就有的，因此也叫计划外购买。

还有一种冲动型购买就是原本计划购买的商品没货了，转向购买替代产品。

7-11 公司的调查显示：便利店 75% 以上的销售属于顾客的冲动消费；消费者进行非目的性消费时，在货架前平均停留时间不超过 2 分钟；90% 的冲动购买兴趣会在 10 秒后迅速减退，30 秒后完全消失；75% 的消费者会在冲动购买兴趣产生的 5 秒内决定购买，超过 5 秒后 60% 的人会放弃购买。因此冲动购买区多设置在消费者经过和停留较多的地方。

3.2.4 收银台服务区

收银台作为便利店的服务完结窗口，最直观地代表了整个便利店的形象。因为顾客不管进店或是付款，都要经过收银台，所以便利店要想给顾客留下好的印象，在某种程度上收银台也是重要的一环。

收银台旁一般会放置一些畅销的高利润小商品，顾客在结账时可以顺便挑选。这类商品属于容易被遗忘和容易引起购买冲动的商品。

3.3 商品摆放的注意事项和方法

商品摆放可以说是影响便利店营业收入多少的一个重要手段。将原本的商品经过各种包装处理摆放在顾客的面前，在便利店环境的优化、促进商品销售等方面有着十分重要的作用。便利店内好的商品摆放就像是无形的推销员一样，能让顾客感到购物的轻松快乐。良好的摆放能有效地吸引顾客的注意力并且刺激顾客购买。据研究调查，一家便利店如果有科学的商品摆放，那么它的营业额会上涨 15% 左右。

3.3.1　商品摆放的注意事项

和许多大型超市卖场一样，小便利店的商品也要做到摆放有规有矩，整体看上去协调，色彩搭配丰富。一般来说，在摆放商品时要注意下面几点。

1．商品易见易取

所谓易见，就是能让顾客很方便地找到自己想要的商品。通常情况下，以成年人的水平视线为基准，水平视线上方 15 度至下方 30 度的范围为容易看见的区域，日常需要的商品一般要摆放在这个范围内。所谓易取，就是让顾客能够方便地拿取商品，因此货架不能太高，一般靠墙的单面货架可以高 1.5 米左右，最上层的货架应该是成年人能够轻松拿取商品的高度。店面中间的双面货架一般以高 1.3 米左右为宜。要注意的是，儿童玩具要摆放在货架的低层，保证小孩子安全、不费力地拿取。

2．按商品特点来摆放

具体商品不同，摆放的位置也会不同。货架的最上层和最下层是人们挑选和拿取商品比较费力的地方，因此，货架最上层和最下层应摆放销售量小、外包装体积较大的商品。最上层可以摆放重量较轻、不容易碎的商品，比如大包装的麦片或者奶粉；最下层可以摆放比较重、不方便拿取的商品，比如大瓶饮料或者矿泉水。在与大部分顾客的视线平行的货架上，应当摆放一些主推商品、畅销商品、日用商品，方便顾客选购。要将畅销品放在外面而一般的商品放在里面。如果空间够的话，可以将销量大的商品叠放在一起出售。

3．分类摆放，协调搭配

将商品分门别类放置，让顾客能够一眼就分辨清楚，让顾客感觉到便利。色彩上的搭配也要使人一目了然。

4．标价清楚，及时补货

小便利店都是开架自选的销售方式，标价签要清晰简洁。有些商品卖得很快，要及时补货，避免畅销商品从货架上消失，使顾客找不到想要的商品。

5. 位置相对固定

一个便利店一般都会有许多老顾客，这些顾客在进入便利店后会习惯性地走向最常购物的区域，因此商品摆放位置相对固定能让他们购物更加便利。供货也有可能会受到供应商、天气变化等因素影响，要尽量保证商品品种不发生变动，如果发生了很大的变动，需要在便利店设置指示牌向顾客说明。

6. 适时改变摆放形式

商品摆放形式如果长期没有变化，会让老顾客产生视觉疲劳。适时改变摆放形式，可以让老顾客产生新鲜感，吸引他们的目光，促进销售。

7. 关注收银台周围商品的摆放

收银台是顾客必经之地。顾客在等待结账时顺便挑选收银台旁边的小商品，既方便了顾客，增加了销售，还能缩短心理上的等待时间。

3.3.2　商品摆放的方法

1. 整齐摆放法

整齐摆放法是将同一种商品整整齐齐地大量堆积摆放在货架上的方法。整齐摆放法强调了商品的摆放数量，给顾客一种商品很畅销的感觉，以此激发顾客的购买欲望。

整齐摆放法适用于大量消耗型商品、经常打折的商品等，比如夏季顾客一次购买量较大的清凉饮料等。

2. 不规则摆放法

不规则摆放法是指采用隔板距离可调节的货架，通过改变隔板距离与周围货架形成对比，即使货架上摆放的商品并没有变化，也更容易吸引顾客的目光。这就是不规则摆放法。

许多便利店会将同一种商品井然有序地摆放在一起。但这种整齐的配置和有秩序的摆放，看过去就像是木偶站岗一样，时间久了这种商品的摆放方法会让顾客感到乏味。

为了打破这种单调乏味感，便利店会将货架随机调换，通过中间的隔板将商品不规则摆列，但商品却没有发生变化。这会让顾客产生一种新鲜感，他们往往会产生一种错觉，认为摆放在货架上的商品又有了新的变化，从而去选购更多的商品。这种方法看似简单，却是行之有效的，是每一个便利店都可以尝试的摆放法。

小提示：因便利店本身占地面积小，所以不规则摆放法一般用于门口的商品摆放。

3. 随机摆放法

便利店工作人员摆放商品时会将某些商品随机放在固定的货架上，不要求有固定的摆放造型或者图案。这种方法一般用来摆放特价商品，以促进销售。如图 3-2 所示。

图 3-2 随机摆放法

举个例子，在冰柜前的一列标价牌中，突然出现一个特价，很容易引起顾客的注意，从而激发顾客的购买欲望。

便利店使用随机摆放法一般会用圆形或者四边形的网状筐盛放商品，还要有特价销售的牌子，商品摆放的位置与整齐摆放差不多，但可以根据实际需求摆放在便利店的走道边或是吸引顾客的地方，还可以顺便带动周边商品的销售。

4. 盘式摆放法

盘式摆放法其实也是整齐摆放法的一种，只不过稍微有些改变，它跟整齐摆放法类似的是将商品全都整齐地堆放在一起。但盘式摆放法还会将商品层层叠起来，以盘为中心，将商品一层又一层地逐渐堆放上去。盘式摆放法跟整齐摆放法一样都是为了突出摆放商品的数量，一般会告诉顾客商品是可以成箱或批量出售的。

3.4 快客：73平方米日销破5万元

和大卖场不同，便利店业内人看一家便利店能否长久"生存"，有一个"五三二法则"——五分看选址，三分看天时，二分看人和。

一家加盟便利店要做的最重要的事就是一丝不苟地执行总部的通知命令，然后给予快速的反馈。从店面的选址到商品的采购促销，便利店经营最为重要的部分几乎都是由公司总部帮忙完成的。

但对于联华快客上海门店的一家单店"店王"，"五三二法则"可能就变成了"七三原则"了：七分看人和，三分才看天时。

这不单是指这家店的选址是店长用坚持"拼"下来的。11个店员都是女性支撑的"店王"背后，更是一个"三分天注定，七分靠打拼"的故事。

该门店位于上海一个回迁居民社区，是一家包括仓库在内只有73平方米的快客24小时便利直营店，2013年10月下旬开业。

作为便利店来说，靠11个女店员支撑出一个"店王"，还是一家24小时便利店，劳累程度是一般人所不敢想的。2016年之前，24小时快客便利店一般都是"7+1"或者"8+1"的人员配置（三班倒），而这家店在前几年都是靠七八个人在苦苦支撑。

便利店商品的客单价不高，除了香烟之外，饮料的销量最好。尤其是夏天，饮料要占到除香烟外商品的40%～50%的大比重。饮料销售高峰期，一天就要来几百箱的货，全靠店长和女员工们一起努力搬运。有时候碰到搬不动的饮料，员工就放在腿上一点一点地挪过去。

开业之初，因为工作强度太大，员工换了一拨又一拨。而每次新招进来的新员工，都需要店长边做边教，教员工熟悉商品、上货、盘点、摆放等所有工作。一天下来，店长自己也累得腰酸背痛，心生退意。

直到 2016 年，快客公司给门店增加了两个人，门店团队才就此稳定下来。

到 2016 年下半年，这家快客便利店成为全国门店中单日平均销售突破 5 万元的"店王"。

门店能取得这样的成绩，特别之处在于以下两点。

（1）便利店的营业额每年都在上涨，开店的三年期间，每年都会翻一番。

（2）门店员工从店长到店员都是女性。

问起店长成功有哪些诀窍，店长笑着说："其实也不多，就四点。"

1. 扬"便利"之长——站在顾客角度提供"好服务"

店长说，一家成功的便利店最重要的是根据顾客的需求提供服务，然后才是对商品的挑选。

那么这家便利店是如何服务的呢？店长笑着答道："扬长避短。"

作为便利店三巨头（7-11、全家、罗森）的必争之地，在上海市区繁华的街道上，随便走两步就能看到一家便利店。

而快客便利店这家"店王"，位于一个相对较封闭的社区商圈的中心位置，居民夏日乘凉或者休息、跳广场舞时都会聚集在物业周边。旁边社区因为是上海的回迁居民社区，居民生活都很悠闲，消费水平在上海属于中等偏上。而且周边的便利店竞争也不是很激烈，唯一的直接竞争对手只有楼下的大型超市，店长正是看中了只有一个对手的优势才将店放在了这里。

一家小便利店如何从大超市手里抢过客流量呢？店长说："便利店有便利店的特色，更快速、更新鲜、更便利。"

在这家便利店的旁边有许多休闲娱乐场所，因此便利店一天的销售高峰通常集中在三个时间点：中午 12 点左右、晚上下班高峰时段、午夜之后。

起初店内只有一台收银机，在高峰期，顾客排队排到门外还要转个弯。店长向快客总部紧急申请添置两台收银机，高峰期就一起工作。同时，培训"手脚麻利的"员工，将其放置在收银岗位上。

"因为高峰期实在太忙了，如果顾客发现在便利店还要排队，那还不如去大超市购买，反正都要等，而且电梯下去一层就是大卖场，大卖场的商品价格比起便利店还要便宜一些。"

店长说，便利店就是一个便利，便利店的服务底线就是绝不能让顾客等待，因为不能让他们"跑去"楼下大卖场去。更不能让顾客因为等不及而放弃购买或者产生抱怨。

为了帮顾客节约时间，她们还有很多"站在顾客角度"去考虑的小细节：员工会把零钱先装到一个地方，这样就能方便快速找零；高峰期只买一瓶水或者一件商品的顾客，其他有空闲的员工会帮忙迅速收钱，让顾客尽快完成购物；下雨天，店长会放一些伞在收银台的边上，一天也能卖好几十把；门店内两个位置最好的柜台，一个放利润很高的进口商品，一个放牛奶面包的组合餐，方便那些早上上班的白领直接拿了付款就走；便利店每天晚上会准备好几个空箱子，一箱箱地将畅销的啤酒、饮料等分类放置在收银台前，到时候楼上卡拉 OK 的顾客来买的时候，就能快速结账；门店还会准备一般便利店没有的购物篮。

一些老年顾客进店，因为年纪大眼睛看不清楚或腿脚不便，店员会上前询问他们需要什么，给他们推荐适合的产品。从柴米油盐到日常生活用品，便利店都会坚持上门送货服务并且不额外收钱。

曾经有一段时间，每到晚上就会有一些加班晚归的外来务工人员到店里买方便面，店员会把热水壶灌满放在桌子上让他们购买后冲泡。

因为服务好，那些来过的顾客一般都会来第二次、第三次，很多人都是经常来便利店消费的"老顾客"。

2. 选品——摸准年轻客群要什么

前面说过，一家普通加盟便利店最经常做的就是：坚决执行总部所下达的通知，根据通知进行必要的调整。

因此，一家便利店的店长，其主要职责就是管理手下的员工并实施管理层的指令。除此之外，店长的一大作用就是"进货"。营业额高的便利店，店长的能力都体现在"进货"上。

能成为"店王"，每日的客流量肯定要有保证。但是，有了基础的到店流量后，店长最先要考虑的就是：怎么做才能把店铺的营业额不断提高，怎样去调整进货才能使顾客群体不断尝试购买新商品。

"进货"作业，是一个店长对适合便利店的主要商品的选择。

店长会根据所在社区调整进货商品，而且店长有时会侧重多进一些高档的进口商品以及年轻人相对更喜欢的时尚潮流的新商品，和楼下大超市的居民型商品、大包装商品相区分。

店长表示，进口食品和鲜食是门店贡献较高毛利的商品。在便利店刚开业的时候，便利店的鲜食基本没有，现在，一些盒饭快餐等鲜食占了便利店营业额的 30%。每天售罄率能控制在 95% 左右。

因为快客的各种鲜食盒饭快餐都与罗森等供货工厂进行合作，各种饭菜的品质比以前有了很大的提高，这也是店长对"年轻的白领们"进行市场问卷调查后发现的。她说，现在便利店很大一部分顾客都是年轻人，那些年轻白领最喜欢的就是"尝鲜"，在第一次卖盒饭成功后店长就开始大量进货了，基本上看相不错的盒饭新品和鲜食新品，她都会马上进一点试销。现在，从楼下大卖场的员工到购物广场的员工都成为该店的"老顾客"，便利店每天都能卖出百余份盒饭。要知道，最开始只有二十多份的销量。

店长说，每个门店所在的商圈都不一样，她的"进货"原则是坚持时卖时新，也敢于不断加新品，加利润较高的精品。因为新品一来，年轻顾客一般都会选；一些卖得不好的商品就得被淘汰，之后再选择一些好卖的商品。比如门店内剩下的方便面品牌都是量较足的大碗桶面，让人觉得更实惠。

一般便利店不敢做的商品，从大米、小麦粉、生鲜蔬菜到火锅底料在这里都能看到，当然也都是精选的几个品种，让顾客选择时不会犹豫，因此这些商品的销量也很不错。

"一定要敢进，不然只能停滞不前。"店长敢于创新去挑战，"不去挑战反而风险更高"本来就是少数人的成功法则。

这家门店仓库很小，仅10平方米左右的小仓库让店长进货不能有误——门店仓库小，重复进货或是进了卖不动的货品都是致命的错误，就会压库存。但也正是因为这家便利店的仓库很小，店长会很清楚每件商品的周转时间以及哪些是会卖得快卖得好的。由此，把计算机里的"进货"作业拍在手机里，到了晚上12点再核对一次，检查是否有错误或者遗漏，这是店长每天对自己的例行要求。

3. 鼓励"尝鲜＋体验"

门店的推销是零售业常用的理念——鼓励尝试、体验。

从盒饭、鲜食、牛奶以及各式休闲食品，到快客的自有品牌小Q等新推出的产品，只要有新品到店，从店长到店员，都会自己先购买先尝试。如果新产品还不错的话，便利店就会向老顾客推荐。店长说，便利店主要的顾客都是一些社区的老顾客，员工也知道向哪些顾客推荐哪些商品。

比如盒饭，店员就会先行试吃然后推荐给顾客。快客的自有品牌小Q商品也是"试吃＋推荐"的成功案例。小Q作为快客便利店的自有品牌，很多老顾客都没见过，便利店员工就会拿一些免费试吃的产品放在收银台边上，看到进店的顾客，店员都会跟他们推荐免费品尝新产品。

到现在，无论是门店销售还是员工团队都已经趋于平稳，并且越来越好。

4. 做好理所当然的每件小事

商品齐全、摆放合理、收银快速、服务友好、保持便利店干净整洁，这是所有便利店都应该做到的。

坚持做好理所当然之事绝非看起来那样简单。大家在一开始做事的时候都会认认真真，过了一段时间以后，认真的还有几个？

只有经过日积月累，留意便利店经营中的点滴小事，才能将小事的"平凡"化成"不凡"；只有将那些理应做的事做彻底，才能将便利店越做越好。

零售市场复杂多变，但便利店的经营者与其思考如何变通，不如退而先做好门店内的每一件小事。如同快客这家24小时便利店一样，用心服务好每个进店顾客，做好每一天的单日销售，便利店所带的功能就越来越多，店长和店员所能做的也就越来越多，"强者愈强"的良性循环就此形成。

第 4 章

设施各不同，装修有特色，吸引顾客是重点

04

现在许多城市里都有不少便利店，竞争日渐激烈。便利店的设施和内外装修一定要拥有自己的特色才能吸引消费者的注意，给消费者带来愉快的购物体验。本章介绍便利店的店内外设施，并根据便利店的类别介绍不同便利店的装修特点。

> **小提示**：如果是加盟便利店，店内外的设施一般总部会专门派人上门进行安装与调试。总部统一采购的设备，质量也有统一的保障。

4.1 便利店的店内外设施

便利店的内部设施主要包括储物间、货架、冰柜、冷饮柜、烟酒柜、收银台（配收银机一两台）、电子秤、价格标签机、报刊架、空调、消防设备、监控设备等。有些连锁便利店还配备复印机、打印机、自动缴费系统、ATM机、水池、厕所等。外部设备主要是门头。

4.1.1 货架、收银台与货架布局

便利店由于营业面积有限，要根据店铺形状、收银台位置、店内立柱的位

置和货架间距等具体情况选择店内设施。货架可选择容易买到和便于自己组装的金属货架。单面货架可用于靠墙陈设。这种货架有各种规格，店主可以根据自己便利店的大小组装成合适的宽度和高度。比如长约 1 米、宽约 0.4 米、高约 1.5 米、可组装为 5 层的货架，一般 300 元左右。双面货架因为放在店面中间，一般会比单面货架矮一些，这样顾客购物、店员上货都会方便一些，也会减少因物品跌落造成的损失。便利店内每一排货架的两端都要加一个端头，以便充分利用便利店的空间，增加摆放面积。距离出入口最近的端头应距离店门 2 ~ 2.5 米。

便利店货架布局要有利于提升便利店的客流量和销售量，让商品易找、易选、易取。货架的布局，还要有利于商品的分区摆放。便利店根据商品种类一般可分成调味品、副食品、日用品、烟、饮料等几个功能区。可适当调整货架的位置，把那些畅销商品摆放在入口最显眼的位置。各个货架之间的购物通道要保持畅通，不能让顾客产生拥挤的感觉，要保证顾客能轻松地选购商品。一般货架与货架之间的通道宽度至少要有 0.8 米，最好能到 2 米，以方便顾客下蹲选购或两位顾客迎面通过，也便于店员上货和清洁地面。为便于顾客选购，体现便利性，货架不宜连得太长，中间应留有过人的空隙。

收银台一般位于店门口附近，颜色往往与货架不同，比较引人注目。收银台的长度要根据店面的大小确定，一般常见的是 1.5 米、1.8 米、2.4 米和 3 米等规格；宽度一般是 0.6 米左右；高度一般是 0.8 米左右，放上收款机，高度正好适合收银员站立操作，这个高度也适合多数顾客放置商品。收银台上除了收款机和扫描设备，不宜放太多东西，以免影响结账速度。收银台前的款台小货架一般与收银台高度一致。为了节省空间，收银台后面可配置微波炉、咖啡机、烟酒台等设备，这样既方便了顾客，还可增加销售。

4.1.2 门头的设计与制作

李某筹备了一些资金想开一家便利店。在地址选定后，是应该选择加盟还是应该选择自营让她举棋不定。因为便利店开在几幢办公大楼附近，所以李某定位便利店的消费人群一般都是年轻白领。

年轻人比较喜欢新潮的事物，因此李某最终决定放弃千篇一律的加盟便利店，选择自主余地较大的自营便利店。她在店门头增加了许多新潮的元素，使路过的行人眼前一亮。

店外设施最重要的莫过于门头。便利店一般来说也就 50 ～ 100 平方米，门脸宽度有限，要想在众多的店铺中让人注意到，门头的外观设计和材料选择一定要有个性。

新颖的门头设计包括三要素：传递信息、整体协调、美观醒目。如图 4-1 所示。

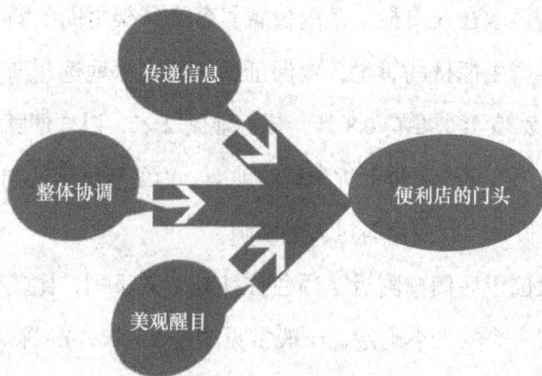

图 4-1　便利店门头三要素

首先，一个优秀的便利店门头要能明确地向顾客传递关于便利店的信息，这些信息包括便利店主要经营的商品类型、便利店的品牌、便利店的 Logo 等。其次，便利店门头的设计要注意与便利店本身和周围环境的协调。另外，便利店门头的设计还要考虑视觉效果，要简洁大方、美观醒目。

门头的重中之重就是要有美观大方的招牌。便利店的招牌就是便利店的广告，应该让来往的行人从不同角度都能注意到招牌的存在，以吸引顾客，让人留下深刻的印象。制造精良的门头，可以让顾客还没进店就产生一个不错的第一印象。

便利店的门头在设计和选材上不仅要突出个性，还因为长期使用，也要考虑安全、使用寿命等。便利店门头的制作应注意以下 3 点。

1. 要有一定的耐久性能与机械稳定性

便利店的门头暴露在外，长时间经受风吹日晒，要确保便利店的门头不受损伤，不产生安全隐患，制作材料的选择尤为重要。一般的便利店在权衡效果与成本后，可能会选择亚克力板材和金属支架制作门头。

2. 无论白天夜晚都有广告效应

现在的便利店，如罗森、7-11、全家便利店这类门店，基本上都是 24 小时全天候营业，制作门头时也要考虑夜晚的广告效果。吸塑灯箱具有很强的立体效果，亚克力板材透光率在 90% 以上，采用 LED 模组作为光源也有节能环保的作用。色彩鲜艳的吸塑灯箱，使得整个便利店门面在夜晚也能有良好的吸引眼球的效果。

3. 与众不同的招牌形式

便利店的招牌在形式上应当丰富多样，让人耳目一新，同时又与店铺本身协调一致。日本某杂志的调查结果显示，7-11 和全家便利店的招牌是最让人印象深刻的。当然，顾客在对便利店的认识度上会有些差异，因此如果只看研究结果很难有结论，但是大多数人都认同了调查的结果。其中最值得注意的是，大多数人都能认出 7-11 的代表色，因为 7-11 便利店的招牌在使用的颜色组合中选用了能加深印象的颜色。这种组合必须符合以下 3 个条件，才容易让视觉印象留在记忆中：（1）使用原色；（2）颜色数量在三种以内；（3）在均衡比例下加入白色。

以这些条件去比对一下 7-11 招牌上的红色、绿色和橙色，你会发现红色是原色，绿色由黄色、蓝色两种原色混合而成，橙色由黄色、红色两种原色混合而成，所以这三种颜色会给人留下鲜明的印象。但是为什么颜色要控制在三种以内呢？因为人在瞬间能记忆的颜色要素最多只有三种，四色以上就容易忘记，所以 7-11 使用这三种颜色的方式确实是有理论作为支撑。而且 7-11 还在三色之间加入白色分隔，以此加深红色、绿色、橙色对大脑的刺激。如果这三色之间没有留白地混在一起，反而会减淡人们对招牌的印象。

4.2 杂货铺便利店的装修

一般的杂货铺便利店都具备"麻雀虽小，五脏俱全"的特色，许多家居用品都能在其中买到。作为传统零售业与新兴零售业的结合体，杂货铺便利店在装修上就要为"全"和"便利"这两方面服务。

4.2.1 内部设计要力求实用

马某选择做便利店之前，是一家设计公司的主管，决定开设便利店之后，她将店址选定在几幢办公大厦的商圈附近。因为面向的主要客户是都市白领，所以马某决定亲自为便利店进行装修设计。

在便利店开张后，马某很快发现便利店墙壁上装饰用的花经常缺几支，很不雅观。而且由于当初设计失误，店铺内的插头不够用，经常要外接插线板。这也使得店铺看上去有些凌乱。

便利店，顾名思义便利是它的主要性质。如果说人靠衣装马靠鞍，那么便利店的装修就要体现出"便利"的性质。因为杂货铺便利店的面积一般都在30～50平方米，且商品有很多，作为经济社会快节奏生活的产物，便利店装修注定不能太过华丽。

由于杂货铺便利店空间有限，所出售的商品也有一些限制，因此装修在整体上要简洁、实用，让顾客在进店购物时能感到舒服、开心，这样才能让顾客安心购物。

普通装修，地砖可采用1米×1米的米色或暗色调玻化砖，墙面以白色或暖色调为主，天花板宜采用白色，电源插座应足够。根据情况可采用单扇或双扇玻璃门。玻璃门上可装两三道锁，并加装防盗卷帘门。

便利店装修还有一点要特别留意，那就是要明亮。我们在一些大城市经常能看到连锁便利店不仅外部装修非常精美吸引人，而且内部装修设计也非常实用，光线明亮给人一种干净明亮的感觉。因此杂货铺便利店在装修时也要着重考虑光线问题。可每 4 平方米装一盏纯白光日光灯。

便利店，包括杂货铺便利店，其内部空间设计，最好做到精简和对空间利用的最大化，因此应该注意以下几点。

1. 店内设计要符合顾客的购买欲望

便利店内部空间设计要根据经营的商品和店铺类型进行划分，在整个便利店空间设计时都要统一考虑，在设计上要遵从顾客的购买欲望，把畅销品都放在靠近便利店门口的货架上，这样很容易就能刺激顾客在店里消费或是进店购物消费。

2. 便利店内部设计要兼顾美感与安全

便利店的内部设计最好是对称合理，以表现出便利店的对称美。当然也要顾及店内顾客的人身安全，譬如店内的瓷砖应该采用防滑瓷砖，这样就不容易造成顾客滑倒。

3. 便利店内部设计要采用直线设计

任何迂回曲折的动线移动方式都会使顾客产生混乱感，因此，便利店内部设计要多采用直线设计，在不得不用动线设计的情况下，可在转弯处设置指示牌，指示下一货架商品的类别。

> **小提示：** 无论是加盟还是自营便利店，装修都要力求实用、简洁大方。墙壁和天花板的色调最好是以简洁明快的白色为主；地面可以铺防潮、防滑且坚固耐用的瓷砖。

4.2.2 喜士多：一家"有情调"的便利店

喜士多连锁便利店是润泰集团投资的中国零售市场的两大零售系统之一。

到 2017 年年初喜士多已有 500 多家直营店和加盟店，可谓是便利连锁店行业的后起之秀。

位于上海静安区的一家喜士多便利店就是一家"有情调"的便利店。那么，它有情调在哪里呢？

与一般的便利店不同，这家静安区的喜士多便利店以女性小清新风格著称。顾客一进店就可以看到蓝天白云和花花草草。如图 4-2 所示。

图 4-2　上海市静安区喜士多便利店的内部

店内的主色调使用了女性最为喜欢的白色，这是因为该店所处商圈的一个重要企业就是自然美大楼，这家企业的员工大多是女性，而且企业也以服务女性消费者为主。因此，这家便利店的女性顾客占到了 70%。

该店的畅销商品主要有女性喜欢的咖啡、甜点、蔬果沙拉等，天热时还有雪糕、冷饮等时令商品。

走进静安区的这家门店，最令人瞩目的就是无处不在的节能标志。门店正与松下电器合作打造一家别具一格的节能型便利店。店长曾某介绍说：电器使用的是松下提供的节能设备，在前期投入上相同面积成本可能要增加 20% 左右。收益则要在一个季度以后才有数据。

便利店会根据不同的季节进行不同的销售活动，有许多换季特售或是节日特售。比如在 4 月，便利店会推出草莓甜点特售。在甜品上主推草莓甜点，还有各种关于草莓的商品刺激顾客消费。

除此之外，便利店还有固定时间的促销档期。以两个星期为一个小档期，一个月为一个大档期。门口的专案架就依据这个周期在不断更换主题。

永不停歇的销售活动带给了便利店无限的活力。"顾客觉得你常常有活动，就会经常来店里看看，当然也会带动销售。"

4.3 生鲜便利店的装修

生鲜商品主要是一些农副产品，比如蔬菜、水果、水产、肉类等。生鲜便利店则是专门售卖生鲜商品并结合现代化超市经营理念的便利店。而且现在的生鲜便利店不只卖一些农副产品，还有与之相关的产品售卖，如加工食品、半成品净菜等。可以说生鲜便利店是结合了农贸市场和现代化大超市的优点而出现的便利店。

4.3.1 基本照明 + 商品照明 + 装饰照明

生鲜便利店的灯光照明一般分为基本照明、商品照明和装饰照明。如图 4-3 所示。

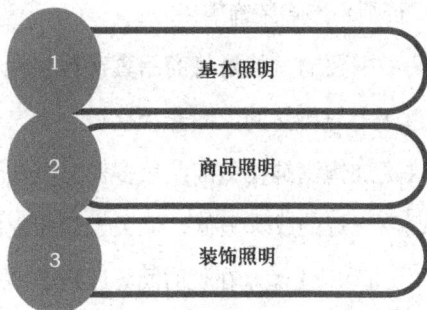

1 基本照明

2 商品照明

3 装饰照明

图 4-3 生鲜便利店的照明

北京市朝阳区有一家专营老北京特色小吃的便利店，在开业初期生意一直很惨淡，老板莫某十分着急。自己的小吃选用的原材料都是经过层层把关，质量也是最好的。为什么没有顾客呢？

有一天，莫某来到自己的店里装成顾客的样子买了一份炒肝，等他付款的时候发现，由于店里的光线太暗，尽管现做现卖的炒肝很新鲜，但放在餐桌上却给人一种似乎不是很干净的感觉。于是莫凡在店里又多加了几节日光灯，使得那些小吃看上去十分美味诱人，顾客也就自然而然地多了起来。

1. 基本照明

保持便利店正常的光照强度，可以使顾客便利、无障碍地选购商品。现在便利店大多使用灯管和吊灯。如果便利店向阳，要注意多利用自然光线，使整个便利店看上去整洁宁静。

2. 商品照明

为了突出商品的特质，利用灯光照射可以吸引顾客的注意。一般用于蔬菜、肉类等生鲜食品的照明，还有一些熟食商品也会用灯具照明，以增加食品对消费者的诱惑力。

3. 装饰照明

装饰照明也被称为气氛照明，一般是在有了基本照明以后，用来装饰和增加气氛，给顾客不同的视觉感受。一般用于便利店的局部装饰性灯光。但是装饰照明不可过于泛滥，否则会影响装饰效果。

便利店的灯光照明最主要的目的是将商品真实地展现在顾客面前，因此商品照明必须在亮度和色调上与自然的太阳光相接近，具有日光色调的灯光可以使便利店的商品看上去更加饱满鲜艳。因此很多商品照明通常会选用白炽灯和泛光灯。相比较而言，荧光灯的成本最低，但荧光灯照射的商品会失去原来的颜色。而且就算是用白炽灯和泛光灯，在长时间的照射下，有些商品还是会褪色，因此需要额外地注意观察。

> **小提示：** 在灯具的发热方面，荧光灯散发的热量小，白炽灯则大了许多。在空气不流通且商品密集的地方如果热度集中，可能会有发生火灾的危险。因此在使用白炽灯照明时要留出一定的空间，也不能用白炽灯直接照射易燃物品。

4.3.2 色彩要与商品本身色彩相配合

色彩是视觉传达中一个非常重要的因素，顾客走进便利店首先感受到的就是色彩。生鲜便利店的环境色彩、商品色彩和货架色彩，共同构成了顾客的视觉空间。如图 4-4 所示。

图 4-4 便利店的色彩搭配

一份心理学研究调查报告表明，人在观察物体的时候，最初 20 秒内色彩感觉占 80%，而形体感觉只占 20%；2 分钟后色彩占比下降到 60%，形体占 40%；直到 5 分钟后，色彩和形体会各占一半，并且一直保持下去。由此得出，色彩给人的印象是最迅速和深刻的。

色彩是由色光与被照射的物体表面的色相（物体表面色彩相貌）相互作用所产生的。我们面对色彩时，心理会受到影响而起变化，如暖色——红、橙、黄等给人活泼、热烈、明朗和高贵的感觉；冷色——绿、蓝、紫给人安详、理智和平和的感觉。色彩必须借助光的作用才能传达到我们眼里。因此，光也是决定商品色彩的重要因素之一，是不容忽视的。

借助色彩和光照吸引顾客的目光，这是商品摆放展示设计里值得探索的重要课题。

事实上，卖场的色彩只注重"艳丽""好看"是不够的，应该进一步保证色彩的平衡效果，商品色彩、照明的设计要调和统一，使整个卖场的色彩感觉和谐是最重要的。

商品色彩的搭配是商品展示设计人员不可忽视的一环。色彩搭配方法则有下列 3 种。

（1）协调色搭配。例如，将商品按深浅、明暗颜色进行搭配。

（2）对比色搭配。例如，将两个颜色反差很大的商品进行搭配。

（3）冷暖色搭配。例如，为了营造温馨的氛围，在购物主通道处放置黄色或白色的商品。

4.3.3 通风设备要做好，保证空气通畅

李某在社区附近开了一家生鲜便利店，因为社区附近没有菜市场，超市离社区也很远，所以李某便利店的生意一直很火爆。

但是几个月后，李某的便利店里经常飘出一股鱼腥味和肉类变质的味道。便利店的生意也因此一落千丈。李某很奇怪，因为他便利店的生鲜都是每天早上凌晨就去采购而来的，绝对新鲜。为什么会有各种腐烂的味道呢？

后来经过调查，李某才发现，原来是自己的便利店没做好通风工作。便利店客流量大，海鲜加工后剩余的鱼鳞、内脏等没及时处理，再加上空气不流通，都加重了各种令人不愉快的味道。

经过通风系统的改进，李某的便利店生意又恢复了往日的火爆。

生鲜便利店中的气味对便利店的客流量影响非常大。如果这里气味异常，会使顾客产生不快和排斥感，影响便利店的客流量和营业额。应通过排风和加强卫生工作解决这个问题。

一般生鲜便利店会根据所出售的商品不同而选择不同的通风方式：机械通风和自然通风。装修的时候选择通风方式要从以下几方面考虑，最终目的是让消费者在店中闻不到难闻的异味。

（1）能满足通风空气质量要求，保证空气质量如空气温度、湿度、洁净度以及噪声的要求。

（2）能保证通风系统运行的可靠性。

（3）能满足通风系统经济技术上的合理性。

（4）尽可能减少投资费用。

为了节约能源，不少生鲜便利店会采用自然通风的方式。也可以使用紫外线灯光杀菌设备和空调设备，以改善店内的环境质量，为顾客提供舒适、清洁的购物环境。

4.4　快餐便利店的装修

在现代社会众人忙碌的背后，快餐行业的发展也格外迅速。而快餐便利店则是将快餐与便利做到极致的体现。

在快餐便利店内，顾客可以享受到与快餐店一样的食物品质和与便利店一样的快捷方便。

4.4.1　快餐店设计布置要点

赵某开了一家快餐便利店，因所处的商圈刚好在几幢办公大厦附近，每到中午来他店里吃饭的人络绎不绝。客流量非常大，但便利店的营业额却一直不高。赵某感到十分困惑，他决定在中午时仔细观察进店人数和顾客的用餐习惯。

结果令他大为吃惊，因为他的便利店摆放的桌子大多是四人餐桌，一些顾客在吃完饭后并不急着走，而是坐那儿聊天，等了很久那些顾客才离去。而等他们离去之后，用餐的高峰期也过了，后续进店的人寥寥无几。作为经营者，赵某显然不可能跟那些顾客直白地说吃完了就赶紧走。他随即想了一个办法。

他将店里的四人餐桌大部分都换成了单人或是两人的小餐桌，这样一来就很少有顾客在吃完饭后继续聊天停留，店里的营业额也一下子上去了很多。

快餐便利店的座位设计、布局，对整个便利店的经营影响很大。尽管餐桌、椅、架等大小、形状各不相同，但还是有一定的比例和标准，一般要根据快餐便利店面积的大小进行适当的配置，使有限的餐厅面积最大限度地发挥其运用价值。

快餐厅中座席的配置一般有单人座、双人座、四人座这三种形式，以满足来店里消费的顾客需求。

在现代都市生活中，大家一般不会成群结队地在快餐店里大吃一顿，多数人还是会选择单独用餐。因此对快餐店来说，应当以一两个人的小餐桌为主，如图4-5所示。这样可以避免就餐的人跟陌生人面对面而坐、看对方吃饭的尴尬场面。

图4-5 单双人小桌子

因为经营的是快餐，那么客流量就代表着营业额，一人或两人一桌，即使是几个朋友来一起吃饭，也不方便互相聊天交流，影响进餐速度。这样可以让顾客吃完自动就走。

目前许多快餐便利店在店面的设计和布局上都采用开放式。外墙采用大型透明落地玻璃，让人一眼就能看出在里面用餐的情趣。

餐厅动线的安排要注意以下两点。

（1）客人动线。客人动线应该是以顾客从进门到走到餐桌前畅通无阻为基本要求。一般情况下，快餐便利店中顾客的动线都是直线，要避免迂回绕道，因为任何不必要的转弯曲线都会让人产生厌烦的感觉，影响或干扰客人进餐的情绪和食欲。餐厅中客人的流通通道要尽可能宽畅，以两点一线为准。

（2）收银服务人员动线。便利店中收银工作人员的动线长短直接影响了收银的效率，所以要越短越好。

在安排动线的时候，要注意同方向的动线不能太多，要尽量避免许多动线在同一道路上。可以考虑在便利店中间设置一个服务吧台，既可存放餐具，还能帮助工作人员缩短路线。

4.4.2　餐饮生产区域划分要合理

一个快餐便利店，无论厨房有多大，它的生产流程都是差不多的。从原材料的加工到生产制作、熟制阶段，再到成品销售为一个流程。

厨房面积对菜品的生产配送是相当重要的。厨房面积过小，会让厨房变得拥挤不堪和闷热，既影响生产效率，还影响员工工作时的心情；厨房面积过大，在工作时就要花费更多的时间去执行，浪费时间又浪费精力，而且还会增加各种后勤费用，比如照明、清洁等。

便利店的餐饮生产区域都是根据店内的生产特点，在经过调查后进行合理的安排与设计。通常来讲，一家综合型的快餐便利店，根据其产品和工作流程，其生产场所一般可以分为三个区域。

1. 原料接收、储存及加工区域

原材料在进入厨房之前必须先经过加工，即原料的检验、粗加工等，这一区域的布局应靠近原料入口，区域中有干藏库、冷藏库等，还有相应的办公室和适当规模的加工间，这些区域都可以根据具体的店铺面积进行调整。

2. 烹调作业区域

此区域内应包括便利店炉灶间和配菜间，还有小型冷藏室和周转库。这个区域是便利店商品产生与质量保证的最重要区域，因此应设置可透视监控厨房的办公室。炉灶间应与办公室隔开，但配菜间与炉灶间可以不做分隔。

3. 备餐清洗区域

布局时应包括餐具回收清理间、餐具储藏间等。如果地方小的话可以不将这些区域进行分隔直接拼在一起。这些区域也是快餐便利店所必需的地方，布局时应相对独立且功能清楚，确保厨房有一个通畅的生产流程。

> **小提示：** 洗碗间的工作质量和效率，直接影响厨房生产和出品，所以，洗碗间的位置多靠近厨房，这样也便于清洗厨房内部使用的配菜盘等用具。

4.4.3　色彩宜采用暖色系，可促进食欲

营销界有个著名的"7秒定律"：人们会在7秒内确定是否购买商品。而在这7秒内，色彩的作用占到了70%。

色彩可以影响食欲。据美国研究证实：红黄色能勾起食欲，蓝色能在一定程度上抑制食欲，绿色代表着明媚、鲜活、自然，让人们倾向食用绿色食品。高明度、高饱和度的暖色属于膨胀色，从心理上可拓宽空间，能减少客人数量多时的拥挤感。

对于快餐行业来说，橙色、红色、浅蓝最为合适。根据色彩科学研究，这

种色彩搭配最能刺激人们的消费欲，能让顾客在最短的时间内快速消费然后离店。如图 4-6 所示。

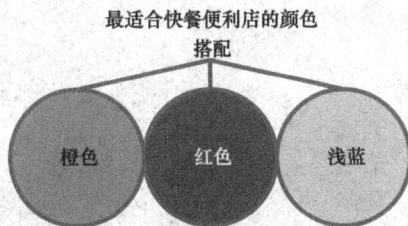

最适合快餐便利店的颜色搭配

橙色　　红色　　浅蓝

图 4-6　最适合快餐便利店的颜色

黄色和红色会让人产生浮躁的心理，使人待不住，快速就餐然后迅速离开，从而达到提高翻台率的目的；而蓝色最引人注目，能迅速抓住消费者的视线。

曾经有科学家做过一个实验，设置两个房间，一个是黄色墙壁红色系房间，另一个是浅蓝色墙壁蓝色系房间。请两个接受实验者分别进入两个房间内，不给他们任何计时工具，让他们凭感觉在半小时后出来。结果，在红色系房间的人只过了 15 分钟就出来了，而在蓝色系房间中的人过了 50 分钟还没出来。由此可以得出，空间的颜色确实会扰乱人的时间感。

不同色彩的运用可以在视觉上划分空间层次及区域功能，使空间布局错落有致。运用色彩的层级深浅以及远近感可强调空间层次，适当的色彩组合则可调节建筑造型的空间效果。

货架色彩的选择与商品的销售是有一定关系的，合理的搭配定能提高产品的销售量。比如包装华丽的商品，货架的色彩灰淡不明显；朴素无华的商品，货架颜色可以深灰一些。货架的色彩要起到作为背景色的陪衬作用。货架为了摆放商品，一般不要采用刺激性的色彩，以免喧宾夺主。

第 5 章

进货渠道多元化，适应时代新潮流

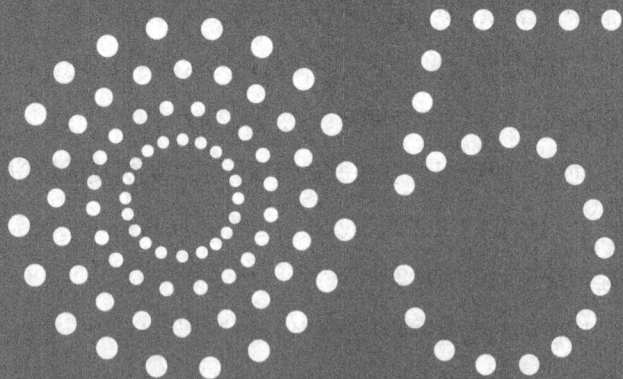

便利店的进货渠道往往是一家门店能否经营好的重要影响因素，有个好的进货渠道就相当于有了一道良好的保障，让商家有更多的精力去经营推广，对店铺的后续发展起到推动作用。特别是在现在这个鱼龙混杂的大市场环境下，如何找到一个良好的进货渠道就显得尤为重要。本章介绍如何进货以及哪些进货渠道是安全可靠的。

5.1　供应商直接送货

一般便利店进货时都会选择供应商直接送货，然后进行商品的检验。去批发市场或者供货商的仓库进货都需要一定的时间；而且供货商也会收取一定的中间费用，运费肯定也不会少。但供应商直接送货这种方式解决了这些问题。

供应商直接送货，便利店只需在进货时直接打个电话下单，或利用网络下单，然后等待送货上门。订单保证了供应商的利益，也是为了防止日后产生矛盾的手段。而且订单中货物名称、数量等必要的数据都很清晰，可以保证便利店准确收到货物和供应商及时供货。所以选择供应商直接送货不失为一种有效手段。

5.1.1 找大品牌经销商、分销商

对于一个便利店来说，没有价格优惠且渠道稳定的供货来源，无疑会使店铺的纯利润严重缩水。那么，如何才能在市场中找到优质的货源，提高便利店的收益呢？

不同于加盟店的总部直接配送，自营便利店需要自己去找经销商和分销商。

刘某在自家社区附近开了一家便利店，在开店之初刘某接到了很多经销商打来的电话，都想和刘某的便利店建立合作关系。刘某也没有经验，没有多想就挑了两家经销商来为他的便利店供货。

没过多久刘某就发现了问题，其中一家合作经销商经常不按时送货，导致刘某的便利店好几次断货，顾客上门购买，刘某只能赔笑脸说"不好意思，现在店里暂时没货"。

而另一家经销商送来的货物中有时会夹杂一些不合格的产品，这让刘某十分恼火，这不是逼着自己关店吗。没过多久，刘某就决定不再与这两家经销商进行合作。

在寻找经销商、分销商之前，我们要明确自己店铺的利润状况。虽然很多大经销商、分销商一般都愿意和小便利店合作，但前提是你的便利店要有一定的客流量和营业额，因为大经销商有许多品牌商品，而大经销商也很乐意将商品供货给那些客流量和营业额有保证的小便利店。大超市在进货时经常会对大经销商进行砍价、提福利要求等，所以一般大经销商在给大超市供货的同时还会为几家小便利店供货。

因此，便利店在进货时一定要找大经销商、分销商，这样能最大限度地降低进货风险，使自己的便利店茁壮成长。当然，最重要的还是要保证便利店的利润。

小提示：经销商在选择供货对象时，最关注的还是便利店的利润，只有将自己便利店的利润不断提高，才会吸引更多经销商积极与你合作。

5.1.2 谈好价、订好货、按时送

津某是一家社区便利店的店长，由于刚接手便利店，津某对进货流程还不是很清楚。在开店之初，他就打了许多广告招募经销商进行供货。不久，就有铺天盖地的电话给津某打来。

招架不住的津某就挑了一家供货价比较低的经销商。刚开始，经销商也按照约定时间，隔一段时间送一批津某需要的商品，商品的质量也很有保障。津某感觉自己赚到了。

但过了一段时间，经销商就开始找各种理由延迟送货。这一下就导致了津某便利店严重缺货的问题。因为津某的便利店只有这一家经销商供货，来不及补货造成商品缺失，最终造成津某的便利店亏损严重。

对一个便利店来说，如果说客流量掌握着便利店的经济命脉，那么经销商的及时供货则是为这条经济命脉不断输入养分的血管。

便利店的进货渠道主要是厂家直销、经销商、分销商。因为厂家直销一般要求进货量会很大，而便利店进货一般保持少量多进原则，所以很少会有便利店向厂商直接进货。便利店大多会向经销商、分销商进货，但价格会比厂家直销的供货价稍微高一点。

在跟经销商签订进货协议时，一定要仔细查看，特别是进货价格与送货时间。

对于便利店来说，如果商品特别是畅销品得不到及时补充，则会使客流量大大减少，因此一个供货及时的经销商就显得尤为重要。

第二就是经销商所给出的价格。便利店一般都是小本经营，如果价格经常

有变动，就会使顾客对便利店产生不信任感。而且价格的变动也会影响顾客的需求。

价格的变化还有可能给竞争对手带来利益，比如某商品价格上涨，对手的便利店价格却没有上涨，那么顾客很有可能去对手的便利店购买。

5.2 批发商批量进货

便利店从批发商那里批量进货也是一条重要渠道。对便利店来说，一般的批发商都会从厂家那里直接进货，他们的货源一般都比较稳定，而且价格上也有许多优势。

如果我们选择就近的批发商，一般情况下，他们还会提供上门送货服务。而且我们还可以与批发商协商先小批量进货，如果卖不出去可以退货，这样一来，积压囤货的风险就会降低很多。

5.2.1 小商品、水果、蔬菜要自己采购

李某是天津本地几家生鲜便利连锁店的老板，因为业务繁忙，李某经常将便利店的商品采购交给手下人去办。何某是便利店的采购员，一次一个神秘的供货商走进店里来问何某："你们这还需要采购蔬菜、水果吗？"何某一听有生意，就赶紧和那位供货商谈了起来。他发现那位供货商提供的商品比以往那些供货商的供货价要便宜 20% 左右。

在利益的驱使下，何某匆匆忙忙和供货商签订了供货协议。过了几天供货商提供的商品就摆进了李某的生鲜便利店。

没过几天，有许多顾客纷纷投诉李某便利店里的商品不新鲜，很多蔬菜都是"金玉其外败絮其中"，李某得知后赶紧找来何某询问情况。才知道何某私自与不合格的供货商签订了合同，致使便利店损失惨重。从那以后，李某对便

利店的供货都是亲力亲为。

　　水果蔬菜可以说是整个生鲜便利店的经济命脉来源。和其他便利店出售的商品不一样，顾客在购买水果蔬菜时一般会考虑到便利性，选择就近购买。因此水果蔬菜等生鲜商品在售卖时要时刻保持新鲜。

　　便利店水果蔬菜的质量好坏会直接影响到销售。现在许多生鲜便利店蔬菜绝大部分的货源还是批发市场，不管是便利店的自采还是供应商供货。

　　从批发市场采购来的商品，因其来源的不确定性（水果蔬菜很多都是批发商从小农小户那儿收购而来且没有统一的标准），很难保证新鲜与卫生。因此便利店经营者亲自采购就显得极其重要。

　　要保证水果蔬菜的新鲜与卫生，采购者的必要知识储备是不可或缺的。一般在挑选蔬菜水果时要注意以下三个要点。

　　（1）不买颜色特别的蔬菜。新鲜的水果蔬菜不是色彩越鲜艳越好，如购买橘子苹果时要检查果皮是否有涂蜡；发现黄瓜的颜色过于鲜绿时要慎选。

　　（2）不买形状异常的水果蔬菜。一些不健康的蔬菜经常会有萎蔫、干枯等异常形态；有些蔬菜则因为使用了激素物质，会长成畸形。

　　（3）不买气味异常的蔬菜。许多不法经销商为了使蔬菜更好看或延长保鲜时间，会用一些对身体有害的化学试剂进行处理，如硫黄、福尔马林等，这些物质有异味，而且不容易被冲洗掉。

5.2.2　货比三家，最好能送货上门

　　李某是一家社区自营便利店的老板，又是采购员。在周一的凌晨四点，李某都会带着自己的查价表去城里几个批发市场找批发商逐个询问然后对比。

　　许多批发商不喜欢他这样不采购只询问，都会用不礼貌的言辞去打发李某，但李某依然坚持不懈。一般经过一个多小时的询问，会完成询价程序。在此过程中，李某还会问清批发商能否提供送货上门，这对李某这个独自经营便利店

的人来说是很关键的环节。

俗话说得好"货比三家不吃亏"。许多便利店或企业在下单采购之前都会有一张货比三家表。如图 5-1 所示。

							制表日期： 年 月 日
需购物品名称		规格	单位	数量	申购单价	申购总价	申购单号
申购部门					备注		
供应商资料	序号	单位全称	地 址	联系人	联系电话	单价不含税	单价含税	保质承诺	送货方式	备注
	1									
	2									
	3									
	4									
	5									

图 5-1 货比三家表

货比三家是降低进货成本、保障商品质量的最基本也是最好的手段。众多供货商价格不可能都是一样的，这时候我们应该留心，为什么同样的商品，这家的价格会比别人的低。这些都是便利店采购人需要注意的。

供应商良莠不齐，因此寻找最适合的供应商就成了便利店进货的重要任务。最合适的供应商，应当具备能为各个便利店提供质量保证数量充足的商品，准时交货、价格合理以及服务完善的基础条件。

在选择供应商时我们应当注意以下 4 点。

1. 低廉的供应价格

供应商低廉的供应价格是根据市场上商品的售价所得出的。如果没有相同商品的价格可查，可以参考类似的商品。而且，想要让供应商提供低廉价格，可以通过和供应商谈判或是让多家供应商去竞价。单独与供应商进行合作时，便利店的采购人员应该分析商品成本或出厂价格；多家供应商进行竞标时，采购人员可以择两三家标价较低的供应商，然后分别与之谈判，来找到最合理的供应价格。

在有许多供应商同时竞争时，采购人员切记不可盲目地将能提供最低价的供应商当作适合的供应商，而应该综合评价一个供应商的送货、售后服务、促销支持等各方面。有时候，便利店会放弃与提供很低价格的大批发商的合作，而选择价格略高但是能小批多次供货的供应商进行合作，以求在产品质量、货源、售后服务等方面都有良好的保证。

2．合适的折扣

许多供应商一般都会给便利店提供合适的折扣，因为便利店会为了吸引人气不时对某些商品进行打折服务。

3．一定的付款期限

付款期限是供应商和便利店进行谈判的筹码。在国内一般供应商的付款期限（账期）是月结 15 天至 30 天，视不同的商品周转率和产品的市场占有率而定。因为便利店的商品流通很快，便利店应该选择对自己最有利的付款天数。一些大的供应商拥有许多客户和市场，他们要求的付款账期一般情况下会很短，有些还会要求现场付款或者押金付款。如果商品很畅销，销量很好的话，便利店也可以选择大的供应商进行供货。

4．准确的交货时间

因为便利店的商品流通很快，因此便利店应要求供货商及时进行补货。如果补货延期太久则会造成便利店供应中断，造成不可挽回的损失。

5.3 专业的采购网进货

采购网，就是方便各个商家进行商品采购的网络平台，通过互联网完成采购与供货。采购网让便利店在同行业产品中有更多的选择权利和选择余地。图 5-2 是采购网采购的基本流程。

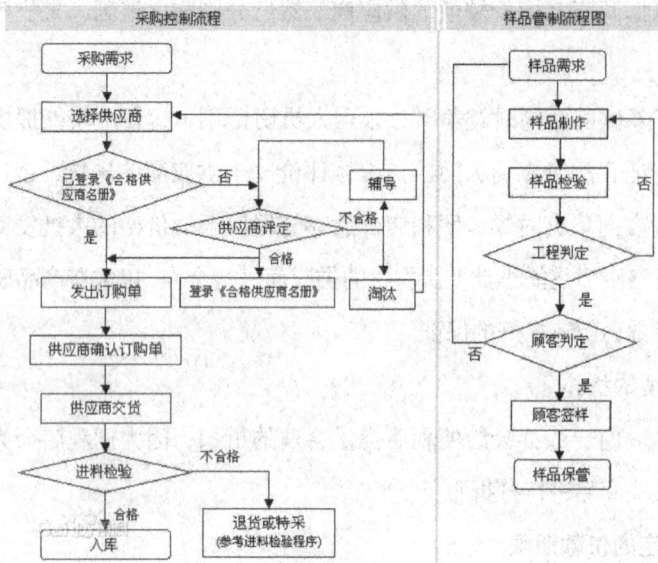

图 5-2 采购网采购的基本流程

5.3.1 阿里巴巴零售通

家住天津的周某在社区门口开了一家名为"周便民"的便利店，店铺面积40平方米左右，经营一些烟酒副食和日常生活用品，生意也是不温不火。

从开业起，周某已经见了百来个销售员。有时候见销售员提供的商品还不错也有许多优惠措施，他就会进一些，结果发现那些商品在社区里没什么人买——经常是到过期都没什么人买。

直到后来周某接触到了阿里巴巴零售通，足不出户，用手机在阿里巴巴App上轻轻一点，就能直接下单进货，货物还可以直接送到店里，而且保质保量。同时，App上还有许多新奇的国外商品，也为周某开拓了销售视野，为便利店带来了新商机。

阿里巴巴零售通是阿里巴巴 B2B（Business To Business，商家通过电子商务开展交易的商业模式）事业部为新城市社区零售便利店提供线上订货、线下物流派送的营销、增值等一站式服务的互联网服务平台，其基本流程如图 5-3 所示。该平台的目的是利用新兴互联网技术对传统的线下便利零售渠道进行改造，直接和厂商或是供应商合作，将高品质的商品有效地分配至城市社区或是城乡接合部的线下便利零售业。同时，通过各类中间的供货服务商，帮助平台发展市场、开拓人员、对线下便利店进行维护、服务线下便利零售店，建立阿里巴巴零售通大生态体系。

一级代理商 → 零售通 → 区域服务商 → 终端门店

图 5-3 阿里巴巴零售通基本流程

阿里巴巴零售通的优势有以下几点。

（1）对自营便利店来说，可以依靠阿里巴巴零售通的强大品牌营销力，大力开展销售。

（2）便利店可以享受到阿里巴巴合理的供货价格、丰富的商品种类以及技术资金的支持。

（3）对顾客而言，在 O2O 大电商的环境下可以足不出户地享受互联网产品，增加体验。

如今消费者对商品也越来越挑剔，一是追求新，二是追求健康。而阿里巴巴零售通刚好满足了便利店对顾客需求的提供。在阿里巴巴零售通上有许多进口食品，存在很大的利润空间。在健康方面，阿里巴巴零售通有着严格的把关要求，对商品层层筛选，确保是安全正品。

目前已经有很多零售便利店加入到了阿里巴巴零售通，线上成交的销售额甚至可以占到店铺营业额的一半。这就是零售便利带来的竞争优势之一。那些加入了阿里巴巴零售通的小店不仅对顾客有了进一步的了解，也有了现代科学化管理的智能供应链体系，真正摆脱和超越了普通的便利店经营，成为社区和大客流量商圈的多功能服务平台。

5.3.2 京东掌柜宝

王某是天津滨江道附近一家便利店的老板。最近他正为店铺进货的事情发愁。

"现在的供货商可牛了，老是嫌弃我进的货太少而且还经常拒绝立刻送货的请求。"因为才开店生意刚起步，王某进的货也不是很多。在与供货商联系之后原本要求当天到的商品，供货商都会晚到一两天，气得王某是咬牙切齿，但是也没办法。

直到有一天一位穿着红色冲锋衣的人走进店里，向王某介绍了最新的京东掌柜宝。王某将信将疑，利用掌柜宝在上面下了第一单。第二天，快递及时地将商品送到了王某的手里。

现在王某每次进货都从京东掌柜宝上采购。

2015 年 12 月，京东集团成立了新通路事业部，与旗下众多商品品牌进行合作，利用自产自销的模式，进行商品的采购和销售，利用他们新开发的京东掌柜宝（App 图标如图 5-4 所示），对全国的各大便利店进行推销。这一模式意味着京东与便利店之间没有了代理商，解决了多级代理商不断涨价和物流分配的问题。相较传统进货渠道，京东掌柜宝的经销商一般只有一级到两级，远远少于原先的四级到五级。

图 5-4　京东掌柜宝

京东掌柜宝由京东自主研发，是京东集团旗下一站式互动订货平台。利用京东掌柜宝这一采购平台，再加上京东自己强大的拓展能力和大公司的物流快捷便利等许多资源优势，京东掌柜宝为众多品牌商提供了商品的储存配送、各种后勤服务、商品的实时销售情况等一站式服务。

京东掌柜宝上面的商品价格　因为减少了许多不必要的经销商，直接从工厂拿货，直接供货给便利店，京东掌柜宝的互动模式彻底改变了传统的进货渠道模式，从根本上解决了众多经销商在环节中加价的问题，将最大的利润都让给便利店。

再看看方便快捷　掌柜宝利用京东本身遍布全国各地的仓配一体的物流体系，一直在加快给各个城市送货的时间。截至 2016 年年底，京东在全国范围内拥有 7 大物流中心，运营了 209 个大型仓库，覆盖全国范围内的 2493 个区县。85% 以上的订单可实现当日和次日达配送，真正实现了快速送达，让商品快速地送到便利店的手中。

更值得一提的是，日前，京东与沃尔玛达成一系列深度战略合作，也给京东新通路和京东掌柜宝的未来发展带来了无限的想象空间。沃尔玛以其全球化的供应链为依托，形成了长期优质低价的货源体系，这无疑可以极大地增强京东掌柜宝的价格竞争力和产品丰富度。可以想见，今后通过京东掌柜宝，无论是广受青睐的流通商品，还是难得一见的进口商品都可以摆上小店的货架，且具有相当可观的价格优势。

5.3.3　质量有保障，避免假货

"脑白京""王大吉""特伦特"……在一些三四线小城市的便利店里，总能看到一些令人瞠口呆的"山寨假货"，数量之庞大，种类之繁多，令人咋舌。随着这些假货的出现，越来越多的丑闻也时不时被曝光。山寨假货屡禁不止，其中问题令人深思。

天津武清的李大姐，利用互联网采购已有一年多的时间。她坦言："以前去批发市场时，鱼龙混杂，所批发的商品也是参差不齐，一不小心就会遇到假货，或是贪小便宜进了假货。自己也是心痛不已。因为自家的便利店开设在社区门口附近，通常来店里的都是老顾客，还是卖正品最为重要。"

在没有线上采购网时，各种供货商参差不齐，没有统一的标准。许多经营

者在进货时即使小心翼翼仔细查看，但仍有疏忽的时候，如果被顾客发现了店里有假货，那么店铺的招牌就有可能砸了。

商品种类单一、质量没有保证、假冒伪劣产品猖獗、低端商品横行、进货过程中经销商层层加价、供货延迟等都是现在许多小便利店所面临的困难。而阿里巴巴零售通、京东掌柜宝等采购网 App 的出现，使这些问题都迎刃而解。

以京东掌柜宝为例。目前，京东掌柜宝上推出的商品分为食品、饮料、生活用品、办公用品等品类，其中侧重于食品，占比最多的前两类中，食品占比约为 43%，然后是饮料和烟酒约占 18.2%，成为全国中小便利店的云仓库。目前已有 500 余个品牌与新通路签约直供。京东新通路计划到 2018 年年底覆盖全国 100 万家中小门店。

而且由于京东跟许多大品牌有着合作关系，所以商品正规，商家可以放心地进货。没有了假冒伪劣产品，顾客进店也就买得放心，便利店的营业额自然就上去了。

5.4　商品服务公司一站式进货

随着便利店的增多，出现了一些专业的商品服务公司。它们与众多供应商、生产厂家合作，商品货源稳定，品类丰富，质量有保证，可以为便利店提供一站式服务。便利店利用这一进货平台，不需要为采购而烦恼，平台会为便利店提供一系列的后勤服务，解决便利店在采购时遇到的问题。

利用一站式进货平台，我们可以方便快捷地选择商品或供应商。

一站式进货平台以打通传统供货局限为目的，在线上为供应商提供信息交互，减少中间代理环节，在线下为便利店提供云仓集配服务的专业快消品电子商务平台。

线上信息交互服务相较传统模式的优势与特点如下：信息透明，价格最优化。传统的快消品模式下，商品的销售通过层层代理、层层加价，到便利店时基本上已经没什么利润，且货源信息没有准确的大数据统计，经常断货缺货；而一站式进货平台的所有商品都由供应商自主上传、定价，平台只为便利店用户自动筛选出价格最低、货源最充足的供应商。

　　线下云仓集配服务相较传统模式的优势与特点如下：传统的模式是供应商自己去跑市场、推销商品，还要管配送。一站式进货平台的线上仓库为供应商提供了存储的空间，供应商可直接把商品放在平台的线上仓库，通过平台来展示，并由平台为他们集中订单、分配订单并配送到商户手中。现在便利店只需要一个电话或者在 App 页面上点击一个按钮，就能轻松地让商品配送到店里。

　　另外一站式进货平台还整合了综合服务，水电煤气缴费、订各种出行票类等这些功能都可以在便利店里实现，有效帮助便利店提升服务，吸引更多的顾客。

　　总而言之，一站式进货平台是为便利店与生产商、供应商之间打造一个便捷高效的网络通道平台，让便利店经营更轻松，让生产厂商、供应商的通路更简单。图 5-5 是便利宝平台一站式进货的流程。

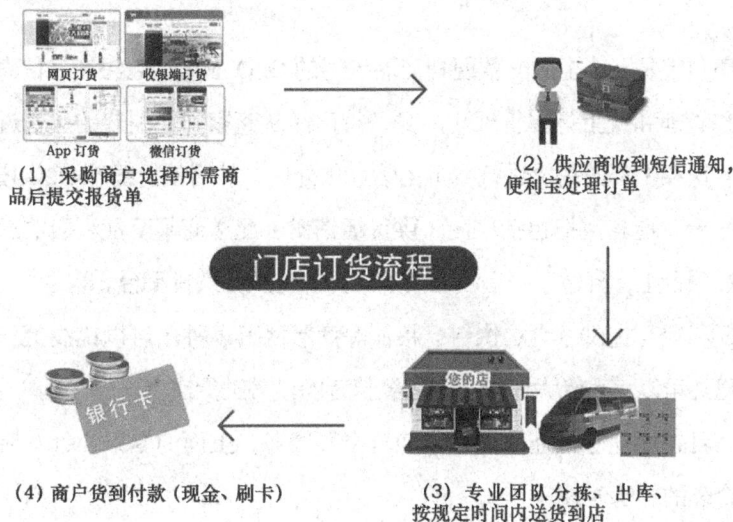

图 5-5　一站式进货流程

5.4.1 品类齐全，货源稳定

张某是天津和平区一家社区便利店店主，跟妻子两人共同经营便利店。妻子负责看店，进货的任务就落在张某一个人身上。

每次进货张某都会去批发市场，这里商品种类比较齐全，不需要东奔西走地选购。但是，想要在庞大的批发市场采购到自己店铺所需的全部商品也不是一件容易事儿，而且很难分辨出商品真伪。张某每次进货都起得很早，然后骑着电动三轮车赶往批发市场。他一直都用这种方式来进货。

最近张某碰到了一款 App 说是可以方便快捷地进货，张某将信将疑地试着进了一些商品。第二天送货员就来到店里送货了。

张某发现，自从用了 App 就再也不用跑批发市场了，而且 App 上的商品价格也跟批发市场的差不多，商品齐全种类丰富。

现在张某时常会通过 App 来查找一些有趣的商品去卖，吸引年轻顾客。

便利宝是 iOS 上的一款便利商品流通的 O2O 应用，它集商品信息管理、商品销售管理和线上订单管理于一身，将商品从商家到便利店的运输过程中商品储存转送和销售的需求进行线上的信息化处理，然后使用线下 O2O 模式的电子商务平台。便利宝把包括厂商、供货经销商、配送商甚至便利店的总部团队都集中在平台上，打造了一个线上线下集合的全服务供货平台。

便利宝可提供零食、饮料、粮油等商品两万多种。可以说线上一站式进货平台已经可以满足绝大多数便利店经营者的日常进货需求。

而且在便利宝上还有便利店经营指导服务，上面的专家会针对店铺的情况给予合理的经营建议。

如今，中国市面上的供货平台如雨后春笋一般涌现，这些平台虽然有所差异，但总的来说都是利用网络的方式改变了便利店等零售业的供应链，便利店在进货时，不必再跟层层供应商进行沟通和联系。直接在 App 上下单进货，马上就会有供货人员上门送货。

5.4.2 便利店小白的福音

余某原来是一家公司的主管。为了有一番自己的事业，余某辞去了公司的工作，开了一家社区便利店。因为是第一次开店，余某什么都不懂，对如何进货也是一窍不通。

随后余某看到了一款一站式采购的 App，在 App 上余某看到了许多商品都是出厂价，而且也不需要大额就能下单订货，当天下单次日送达，很是方便。

找到了货源，余某的便利店就风风火火地开了起来。

现在便利店与批发商的进货供货，大多是由实体批发市场或是批发商人员送货上门，存在诸多不便。如图 5-6 所示。

图 5-6 传统配送的弊端

（1）许多不法商家制造假冒伪劣商品来迷惑大众，刚开便利店的营业者很容易成为假冒伪劣商品的受害者。

（2）商品信息不对称，价格也不明确，恶性竞争激烈。没有合理的市场参考价。

（3）没有统一的配货体系，管理混乱，而且配送仓库分布散乱容易延误。

（4）当前许多城市批发市场主要集中在城市中心，占地面积广，车辆来往频繁，导致城区拥堵，市场人员流动大，卫生环境差，治安管理难，严重影响市容市貌。

而一站式进货服务平台则规避了这些缺点。

因为是从厂家直接进货，一站式进货服务平台就从根源上杜绝了假冒伪劣产品。因为是线上下单，线下接货，同时也解决了库存的问题。

而且在一站式进货服务平台上各种商品齐全，商品的信息也写得清清楚楚，各商家明码标价，也就杜绝了商家恶意竞争使得商品市场价格混乱。

一站式进货服务平台无疑最适合刚开便利店的新营业者，因为商品齐全、价格优惠、供货及时，所以受到了许多人的欢迎。

相信在不久的将来，一站式进货平台会成为各大便利零售业乃至大商场大超市的主流进货渠道。

5.5 防止货物积压的进货选货技巧

商品为什么会堆积？这不仅与商品自身的类型、价格、质量有关，而且与生产厂家、商家的销售策略、销售方式有着密切的关系。顾客对某种商品的购买，不仅取决于这种商品的价格、质量、实用程度，还取决于销售便利店、商家的产品服务与该项产品对消费者的心理满足程度。

便利店即使上架了物美价廉的产品，如果经销方式不对，一样不会被顾客所接纳。引起的后果也可想而知：便利店的营业额下降，造成资金周转出现困难；严重的还有可能会影响到便利店的正常运营,使便利店的进货出售出现严重问题。

5.5.1 进货：遵循 1.5 倍理论

西某在社区门口开了一家便利店，因为社区门口附近有一个篮球场，每天来这里打篮球的人络绎不绝。西某发现店里的饮料卖得特别快，因此他就大量进货。

好景不长。有一天，西某整理仓库时发现，仓库里居然堆积了大量的饮料。

"为什么呢？"西某感到很奇怪，明明饮料的销量很火爆，为什么还会有囤积呢？

从上面的案例我们可以看出，虽然西某的便利店饮料生意确实很火爆，但还是有许多饮料囤积下来。这是因为西某一直以为只要不断地进货就可以了，饮料肯定会卖完的。殊不知购买饮料的人已经饱和，再进货只会造成商品积压。

科学地进货才能使便利店不会因商品囤积而造成资金占压等大问题。

百货经营行家的研究调查表明：每个进货周期的进货量都要讲究 1.5 倍理论，即本期进货量是上期的 1.5 倍。假设西某的便利店一周进一次货，那就把一周当作一个进货周期。如果西某上周向经销商进了 100 瓶饮料，到周末的时候卖出了 80 瓶，剩下 20 瓶，那么本周的理论进货量就应该是 120 瓶（卖了 80 瓶乘 1.5 等于 120 瓶），但考虑到还有 20 瓶的余货，那么本周实际进货应该只要 100 瓶。

利用这个理论计算，西某的进货数这周没变，但下周呢？如果这周销量没变，下周在计算时应该只需要进货 80 瓶了吧。这样就不会造成商品的囤积，而且多余的 40 瓶饮料还可以作为应急品，万一哪天顾客突然变多，刚好用来填补供货，避免供货不足的窘境。

5.5.2　选货：必需品 + 普通品 + 特色品

面对周围众多的便利店竞争对手，我们如何从中脱颖而出呢？这成了很多便利店经营者和准备投资的人最郁闷的问题。这时候在选货上就需要用到一些小秘诀了：必需品 + 普通品 + 特色品。如图 5-7 所示。

开便利店除了卖商品，还要在顾客中建立信任。要区分好必需品、普通品和特色品，并做好搭配。比如柴米油盐就是生活必需品；烟酒副食包子什么的就是普通品；天津煎饼果子、天津十八街麻花等就是特色品。要做特色便利店，这三类商品缺一不可。

但这三类商品也不是等比例进货的，因为商品的定位不同，所以销量也不一样。需要便利店经营者根据自己所在的商圈地段进行合理配比。

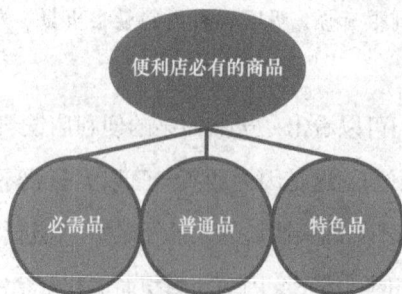

图 5-7　便利店必有的商品

　　张某在社区附近经营着一家便利店。由于是在社区附近，张某觉得店内就应该大量采购日常生活用品和酱油、盐等生活必需品，烟酒副食则可以少采购一些。而一些特色商品，张明觉得毫无必要，因为社区里大多是本地人，要买特色商品估计也不会到他那去购买。

　　事实证明他的想法是正确的，社区的住户大多是有事业有家庭的住户，经常需要在他那里购买油盐酱醋。而且那些住户就算购买烟酒副食一般也会去附近的大超市集体采购，至于特色产品，几乎无人问津。

5.5.3　出货：坚持先进先出

　　王某自己经营了一家便利店，在刚开店时店里的客人络绎不绝，但没过多久，许多问题也都接踵而至。王某发现便利店仓库里有许多囤积的旧商品，快过期了还没卖出去。对此王某很是着急。

　　直到后来王某才发现原因所在，因为她在摆放商品时没有考虑到先进先出原则，没有将原先的商品摆在外侧，新商品摆在里侧，结果旧商品囤积越来越多。

　　许多便利店经营者在进货时不去考虑进货的时间，觉得卖出去就卖出去了，再进就好了，这是不正确的。便利店销售商品时必须讲究先进先出原则，即先进的货先卖出去。这个原则除了在便利店行业适用外，其他行业也可以适用：比如水果超市讲究时令季节，过了时段只能打折；比如日常生活用品，越积压会越陈旧。

先进先出原则非常简单，一般来说，就是将出厂日期在前面的商品放在货架的外侧。

它的优点有很多：防止商品的自我损耗，可以使货架上的商品看起来量多，选择余地大。

先进先出原则也被称为"前进摆放原则"。在商品摆放到货架上以后，随着商品被不断地售出，这时就需要进行商品的补充摆放。补充摆放就要遵循前进摆放的原则来进行。

我们可以将原来卖剩下的商品重新整理一遍，然后再摆放到货架上，再将新进的商品放在货架的里侧，原先的商品放在外侧。因为商品的销售是从外侧开始的，为了保证商品在有效期内，补充新商品必须从里侧开始。

当一种商品卖光了也没有存货，这时候就要将里侧的商品放到货架外侧，绝不允许出现前排面商品空缺的现象。

如果没有按照先进先出的原则将商品摆放，那么放在后面的商品会很难卖出去。便利店的商品都是有保质期的，因此，补充商品时遵守先进先出原则，可以既保证顾客想要购买的商品是在保质期内的，也防止商品积压。保质期较短的食品尤其要注意。

当然，也存在另外一种情况。比如说社区的便利店，那些包装精美、色彩鲜艳的商品，要尽量放在外侧，但最靠外的，却不是最新最受欢迎的产品，最好是一些很容易堆积的商品，但一定要保持干净整洁扮相光鲜，这样就可以很方便地卖出去了。

小提示： 便利店在进货时也要注意商品的生产日期与保质期，切不要进了货之后才发现新进的商品保质期还没有原来商品的保质期久。

5.6 自由自在进口商品

最近几年,许多经营进口商品的专营店悄悄走进了市场,受到消费者的喜爱。在许多城市,经营各种进口商品的零售店和便利店已经成为零售新兴行业。

那么经营进口商品的可的便利店相对于其他普通便利店有什么优势呢?如图 5-8 所示。

图 5-8 可的便利店的优势所在

(1)一次性投入,小白也能轻松经营。在经营者与可的公司总部签订加盟协议之后,公司总部会立即派遣专业的经营专家对加盟者的附近商圈进行市场调查,来确定周围商圈的大小和模式,对当地人的消费水平和各种需求进行计算分析。在确定店铺的地址后,总部的设计师会亲自设计,不需要加盟者操心,然后计算出装修所要的费用供加盟者参考。在便利店装修完成之后,总部还会给加盟者提供便利店经营所需要的各种设备,加盟者只需要按照设计师所提供的商品展示图把商品摆放到货架上就可以迅速开业。

(2)市场需求大。如今,许多人出国旅游已经是件很轻松的事,而国外商品也是回国必须购买送礼的商品之一,而现在有了可的进口便利店,什么时候想买进口商品就能直接在店内购买,再也不用等出国!

（3）消费人群广。消费者消费进口商品的动机大多是尝鲜和追求口味刺激，而这些恰恰也是进口商品的最大优势所在，市面上畅销的进口商品如意大利面等无不是特色的国外商品；同时进口商品消费现状还呈现出一种特点，就是顾客对商品的产地越来越感兴趣，如法国的葡萄酒就广受葡萄酒爱好者的喜爱。

（4）利润空间大。目前，许多年轻人都非常喜爱零食，里面存在着巨大的利润空间。可的进口商品专营店都是和国外的厂商进行合作直接进货，免去了中间商压价，因此它的利益链非常单一，就是总部到加盟商的模式。

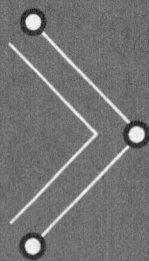

第 6 章

便利店"触网"，
从社区中寻找新卖点

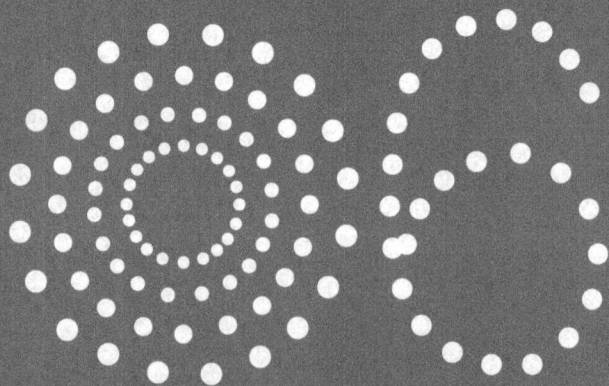

如今,互联网已经深入人们生活的方方面面,"互联网+"成为许多人热议的话题。便利店与互联网结缘不仅是大势所趋,也是开拓市场的需要。本章介绍便利店如何触网发展。

6.1 便利店"触网"一触即发

想买东西,但是不想出门?快递来了,但是家里没人怎么办?在现在 O2O 模式下,很多便利店都在积极触网。这些问题都不是问题。

触网是大势所趋,然而如何触网则是许多人似懂非懂的难题。许多专业人士都表示,商家在经营中拥有互联网创业思维是好事,但也要根据自身的实际情况触网。

6.1.1 物流自提只是第一步

一项调查表明,截至 2016 年年底,上海、北京、广州大部分连锁便利店都已经开通了物流包裹代收服务。2016 年 4 月,中国亚马逊率先与上海的近百家全家便利店合作,推出物流自提服务;6 月,天猫商城也与喜士多、7-11、罗森

3 家便利店合作网购代收业务；7 月，1 号店也宣布与全家展开代收包裹的合作。据行业内部人士透露，如今便利店自提业务已颇具规模，光上海全家便利店，每天的包裹收单量就在几万单左右，如图 6-1 所示。

图 6-1　自提业务

家住上海静安区的李先生在下班之后，来到了社区门口的全家便利店。他来店里不是为了买饮料或是副食，而是取走了电商天猫送来的一个包裹——代收快递这项服务已经在全家推广实行有半年了。在李先生看来，便利店已不仅仅是购买商品的地方，更像是与日常生活息息相关的所在。

在现在线上到线下 O2O 融合的大趋势下，社区便利店作为一个天然的物流终端，被许多电商所看好。许多电商想要借助社区门口的便利店来完成最后一公里服务，不经意间也帮助社区便利店开发了许多便民服务。许多顾客都很喜欢这些便民服务。

随着社会的发展，物流行业也得到了极大的发展。但随之而来的麻烦事也多了不少。网上下单定点送货，免不了会导致家庭地址、用户姓名及联系方式的泄露，而且白天许多人都不在家，因此收货的多为老人和儿童，难免存在安全问题。但如果将物流快递交给便利店，情况就不同了，营业员大多与小区居民关系融洽，把便利店作为社区服务的窗口再合适不过了。

6.1.2　打开社区服务"多扇门"

李某在天津小区经营便利店快五年了。多年来，她一直在进行商品的更新，还推出了许多便民服务，积累了一大批忠实顾客。"每过一段时间我就会把那些滞销品下架，然后去寻找新的商品进行替代。开便利店就是要了解顾客缺什么、需要什么，然后再有针对性地添加新商品。"李某一脸兴奋地说道。因为便利店门面有限，不可能所有商品都有，但出售的商品必须是顾客需要的。

李某觉得便利店最大的好处就是便利。今年，李某的便利店还推出了使用微信支付和支付宝这两个第三方网上支付平台的功能，方便了许多没带钱包的顾客进行购物。

李某的便利店还有送货上门服务。因为都是一个小区的，来回也不是很远，而且开设这个服务以来，便利店的营业额也上去不少，可以说是相辅相成。当然，李某便利店的便利还不止这些，打印、交水电费、充话费都是李某便利店的服务之一。

现在科技日益发展，各行各业都在与互联网加深关系，便利店或许最后会变成一个综合型生活服务平台，以后在线下离不开便利店，线上离不开网络平台。通过这个平台，一些在便利店买不到的商品都会出现在人们的视野里。也许在未来，你在家所需要的一切，在 50 平方米的便利店里都有而且会送货上门。

便利店将会变成一个综合服务平台，而不是单纯的线下商品买卖行业。便利店在线下的营业就是为了获取客流量，在为顾客提供基本便利性购物的同时，满足他们的周边生活需求，从而获得较高的服务价值，如图 6-2 所示。

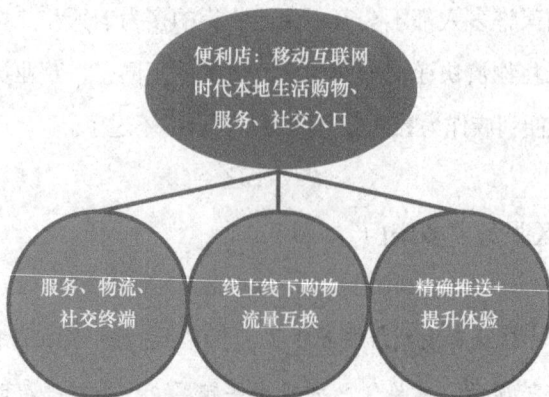

图 6-2 未来便利店的发展

社区便利店在"互联网+"时代不应只满足于社区物流自提这一扇门,而是要更多地去打开社区服务的多扇门。

6.1.3 "网购店送"拓宽新市场

正所谓物流自提只是第一步,电商与社区便利店的合作还在继续加深。

家住天津和平区的李某正在家里做饭,突然她发现家里没酱油了。因为李某一个人在家且家在十楼,所以她不想下楼去买。她想了想,点开了手机上的一款 App,在上面下单购买了一瓶酱油和其他厨房调料。过了 10 分钟,社区便利店的员工就将商品送到了她的手里。

就在 2016 年 10 月,天猫商城与 7-11 便利店展开了新的尝试:顾客在天猫便利店上可以选择购买柴米油盐等日常用品。天猫商城会自动指定离买家最近的便利店进行配送。这种方式彻底改变了传统零售业的供应链模式,与纯线上零售相比,更具有本地服务的优势。

不仅仅是天猫和 7-11,更多的电商也在与各大便利连锁店讨论网购店送的服务合作项目。相信在不久的将来,这或许会成为便利店的常规业务之一。

一般的社区便利店只有 50 ~ 100 平方米,店内所售的商品也就四五百种,顾客选择的余地有限。只要将便利店的线上线下全部打通,困扰便利店空间不足无法摆放更多商品的缺点也就不复存在。以原有的便利店配送体系作为物流基础,只需在总仓增加库存,即可大大拓展便利店的品类,让它变身大卖场。对于消费者来说,网购店送模式更能满足其日常购买需求。

小提示:网购店送一定要注意配送时间,因为顾客选择网购店送一是因为懒得下楼去店里,二是相信便利店的配送速度。所以配送速度不可太慢,尽量保持在半小时以内。

6.2 社区服务中的"新卖点"

中国连锁经营协会公布的 2015 中国连锁百强榜单显示,百强企业各业态的销售增幅分化明显,便利店的销售增幅达到 15.2%,远高于超市业态的 4.1% 和百货业态的 -0.8%。

便利店在快速发展的同时,其服务和功能也在不断延伸。区别于传统便利店烟酒副食、休闲食品等品类,如今便利店提供就餐、娱乐活动、衣物干洗、快递揽件、充值缴费、照片冲印等服务早已屡见不鲜,"便利店 +"的创新之举逐渐崭露头角。

6.2.1 便利店 + 物流配送

2014 年 4 月,京东与线下万余家便利店签订战略合作协议,货品将直接由便利店提供并配送。消费者只需在京东上下单,即可在家中坐等送货上门。该服务覆盖了武汉、上海、温州等 15 座城市，囊括快客、好邻居、人本、美宜佳等多家知名连锁便利店品牌。

在京东与全国各地的便利店大范围合作之后，人们的目光再一次回到了便利店 O2O 上。商品零售配送切入的社区服务有两个显著特点：门槛低和实体门店资源广，因此入局者众。从 2014 年开始，以京东便利店为代表的社区零售商品配送服务不断涌现。

顾客在线上下单，然后去最近的便利店取货，不但能保证商品的安全性，也为便利店提高进店率拓展了新的业务。与此同时，各便利店积极开展送货上门服务，优化便利店的最后 500 米，满足消费者方便、快捷、及时的需求，也免去了售后难的问题。线下配送的优势主要体现在以下几方面。

1. 以消费者自提为主，提供多种类型配送服务

在货品配送方面，消费者可以选择自己上门提货。如此一来，便利店在保证商品按时送达的同时，允许客户随便安排时间来提取商品，极大地提高了消费者收货的便利性。电商企业与便利店合作，采用就近送货模式，把线下便利店纳入统一的信息系统之中。用户在电商平台下单后，由最近的便利店送达，省去了电商物流环节，及时满足客户需求，使效率最大化。

2. 提倡第三方支付，支持货到付款

由于第三方支付的便捷性和现在年轻顾客的网购习惯，便利店提倡第三方支付。有时候顾客会为了保证质量，在网上下单后会选择货到付款。网上订购、进店检查、货到付款，通过这一流程可以使消费者权益得到最大保障。

3. 依托原有电商平台，扩展便利店业务分支

如果便利店已经有网上购物平台，就不需要依靠其他平台及网站来拓展业务，而是依托原有平台，让按需推送、物流提醒等人性化服务得到实现，方便用户更加快速、方便地了解购物信息。

4. 商品严格把关，提供优质的售后服务

便利店对上架商品应进行严格把关，通过精准的客户分析精选产品，与传统零售店进行区分。同时，还可以突出售后服务，完善线下体验，发展退换货业务等。

> **小提示**:如今,上购下送服务已经是便利店最为普遍的业务,每个新开店的店长都应学习如何进行上购下送服务。

6.2.2 便利店 + 快捷餐饮

说起便利店 + 快捷餐饮,就不得不提到 7-11 便利店。7-11 应该是便利店里餐饮做得最好的,也是餐饮里便利店做得最好的。数据显示,在 7-11 便利店,食品已占全部销售额的 70%,其中加工食品占 31%,快餐食品占 30%。当我们走进 7-11 时,一般都能发现琳琅满目的快餐食品。而 7-11 在全球有着将近 3000 种食品类型。

从目前市场经济的发展趋势来看,便利店的餐饮复合化是大势所趋。人们工作的时间越来越长,下楼吃饭消费的机会也就越来越少,便利店 + 快捷餐饮的结合能整合顾客的多种需求。

7-11 一般采用团队合作的模式来研发新的盒饭或是甜品等食品,并以此为研发的标准配置。7-11 以总部的产品研发负责人为核心,同时配以各个原料、器材、制造厂商或供应商的负责人,从而把控从制定产品企划方案到方案具体化的所有环节。便利店食品分为快餐速食品、水果拼盘、甜品、饮料等多个品种,因此 7-11 为了研究各种食品也设立了相应的研发团队。

"天下武功,唯快不破,"这句话用来形容便利店特别合适。由于商品种类多样、门店众多,再加上有许多新服务,如今的便利店就像身边的贴心管家一样,为许多都市人提供了高度实时的方便服务。但是顾客来来回回,便利店商品的替换也很频繁,如何快速消化商品库存并提升销售额,是便利店等零售业一直关注的要点。

7-11 最重视的还是基本款食品,也就是日常的盒饭、面食、水果蔬菜沙拉等,只是在口味上不断推陈出新。并且,7-11 会在每周替换大量商品、上架新商品,据称，其产品年替换率高达 70%。如此高的替换率就是为了吸引更多顾客的目光，让顾客不会感到厌烦。

7-11 善于发现消费者的喜好，将许多人气商品放在便利店最显眼的位置，而且商品替换也特别快。例如，北京的 7-11 每周会更新 8 至 10 种鲜食产品。

因此，做餐饮就必须不断地更新产品，使自主研发成为差异化竞争的主要手段。如果没有研发新的产品，可以考虑更新商品的包装，如写上店长推荐等。

6.2.3 便利店 + 家政服务

"我们小区附近开了一家全家便利店，能冲印照片也能干洗衣物，很方便。"最近，家住天津河西区的李女士发现，小区门口忽然多了一家便利店，仔细一看，这家便利店居然还能提供很多附加服务。

除了和一般的便利店一样销售货品外，这家便利店还提供快餐速食，并配有餐饮区供消费者就餐、休闲。此外，全家便利店设有银行取款机，方便大家取钱，同时还有手机充电宝租赁、快递收发等服务。

这家全家便利店虽然有很多便民服务，但其最主要的还是家政服务。因为该便利店所处小区居住的大多是年轻白领，而一般他们都没时间打扫房间，所以这家便利店的家政服务异常火爆。

不仅仅是这家店，许多社区便利店都兴起了家政服务热潮。

正因为便利店贴近居民生活，所以居民在经常进出便利店的同时也会增加对其的信任度，这时候便利店的家政服务就有机会一试了。

便利店家政服务的优势如图 6-3 所示。

图 6-3 便利店家政服务的优势

便利店提供家政服务不仅能使便利店得到额外的营业收入，也使社区家庭的关系更加紧密。

6.2.4 便利店 + 金融服务

一边是银行网点日常排队，另一边是没有被充分利用的 24 小时便利店资源。金融服务能否离老百姓"家门口"近些？ATM 机到底能不能走进 24 小时便利店？

2014 年，上海首家金融便利店就开在静安区一小区门口。进入便利店，首先映入眼帘的是三台崭新的嵌入式自助机具，分别可以满足居民的取款、存款和自助缴费、补登折等业务。

"以前是不太方便的，去趟银行要跑很远。我们上班银行上班，我们下班银行也下班，有时为了取钱还要调休或请个假。现在这些问题就解决了。"当地居民王小姐说。

现在越来越多的连锁便利店都设有 ATM 机。以日本的 7-11 为例，ATM 机平均每天交易次数约为 100 次。除了正常的存、取款外，人们还可以在便利店通过 ATM 机缴纳水电费，为公交卡充值，甚至可以缴纳税款和保险费用，如机动车保险、税金等。

便利店和银行在网点选址上一般都会有许多共同点，比如在居民区、繁华的商业区。而便利店 24 小时都有店员，所以把 ATM 机放在便利店里更安全。而且，投放一台自助机具，显然比开一家自助银行投入的成本要小得多。

当然，也不是所有银行都热衷与便利店合作。国有商业银行无意将 ATM 机开进便利店，这意味着，居民即使可以在便利店使用股份制银行的 ATM 机，也不得不支付跨行交易费，毕竟国有商业银行客户的拥有量仍占大多数。

国内便利店的 ATM 机上交易量尚待考证。但相信要不了多久，国内便利店的 ATM 机服务会逐渐兴起，并会让越来越多的人接受。

6.2.5　便利店 + 实时药店

与 24 小时便利店相比，24 小时药店少之又少。一直以来，都有便利店和药店合租形成拼盘商店的形式。但现在，已有一部分成规模的便利店有资格销售常用药。

在福建莆田，一个区域性连锁便利店品牌——易太就申请设置了便民药柜，放置解热镇痛药、胃肠道用药、外用药、感冒用药、妇科用药、小儿用药等数十种非处方药。便利店与医药公司签订药品配送协议，由医药公司负责药品采购和配送，便利店则负责药品的日常存放、保管及销售。

便利店 + 实时药店的服务极大地方便了社区周边的人们，因为一般药店都会开在马路边上，而不是靠近居民居住地。人们日常有个感冒发烧都要走好远才能买到药品，极其不便。因此便利店 + 实时药店的组合刚好解决了人们紧急用药的需求。

此外，便利店 + 实时药店可以同时配套线上购买线下配送的服务。一个发烧卧床的病人如果能线上订退烧药，然后由专人送到家，岂不是很方便？

而且便利店是 24 小时营业，那药品自然也就是 24 小时出售。能够为居民提供如此方便的购药服务，社区便利店 + 实时药店势在必行。

6.2.6 便利店 + 娱乐消遣

在日本，全家便利店早已和日本卡拉 OK 巨头 DAM 合作。人们在进入卡拉 OK 便利店的时候，不需要将饮料和酒偷偷地藏起来，而是可以大大方方地将便利店的饮料和食物带入包间内。

在 2014 年 4 月，全家与 DAM 合作的新型全家 + 卡拉 OK 店开业。其中，便利店营业面积约有 100 平方米，24 小时营业；卡拉 OK 的营业面积约有 500 平方米，由 27 个包间组成，营业时间为早上 10 点到次日凌晨 5 点。商品构成上也采用了迎合卡拉 OK 的设计：店铺入口处摆着放满各种润喉糖的专门货架，店内同时售卖更为丰富的酒类和零食类商品，炸鸡块、薯条等更受欢迎的零食摆放在醒目的位置。

事实上，这次合作并不只是把两家店面合并在一起而已。为了确保这次合作能够成功，两家公司也在各自的服务中下足了功夫，加了许多新想法。通常情况下，日本的卡拉 OK 包厢里不允许客人自带饮料，而且卡拉 OK 自己售卖的饮料也并不好喝。最令人不满意的是包间里的菜单也都是一些难吃且价格昂贵的油炸快消食品。

比起传统的卡拉 OK，卡拉 OK 便利店给我们提供了更多且更平价的选择。更巧妙的是，这也可以为卡拉 OK 的经营者们省去大笔厨房建设费用和人力费。

全家 + 卡拉 OK 店在合作开业的初期，经常会出现白天老年人进店消费，晚上白领工作人员来店里唱歌的现象。但这个合作模式和一般的社区便利店还是有很大区别的。就算在日本，许多中老年人也不是便利店的主要顾客。虽然两家的客流量绑定在一起，但是两家的销售额并没有因此相加，合作优势没有完全突显。不过现在看来，全家强大的执行力和运营能力，以及商品丰富性的优势还是十分明显的。

全家总部对问题的把握和调整速度也是异常快速，让问题立刻化为优势，形成了两个业态客流的有效利用。

6.2.7 便利店 + 数码办公

2015 年，位于北京劲松桥东侧的 7-11 门店里多了一台自助复印机，具有彩色和黑白复印打印功能，消费者可以在这台机器上复印身份证、文件，甚至还能打印数码照片。机器上还附有使用方法的详细介绍。为了鼓励顾客使用，7-11 还在宣传彩页上设置了免费体验券。

据店员介绍，在北京，7-11 首批引入复印机的门店有 5 家。虽然因店铺面积和位置限制，复印机可能无法进入所有的门店，并且暂不支持打印 Word、Excel 和 PowerPoint 文件，但这意味着 7-11 终于有了区别于其他便利店的特色服务，这无疑是一大突破。

日本的许多便利店里都设有复印机，除了可以复印、传真、扫描外，还可以打印文件和数码照片。

到 2016 年，国内许多城市的便利店也都设置了复印机和证件照拍摄相机。比如上海的全家、杭州的快客等。这说明，现在的便利店越来越注重便民服务。

而且据调查显示，在有复印机的便利店内，使用复印机的顾客有 60% 会另外购买商品，这无形之中也为便利店带来了一笔额外的收入。

因此便利店 + 数码办公服务也不失为一种可行的经营发展模式。

6.3 私蜜微便利：新零售模式再升级

零售便利市场日新月异，2016 年的便利行业催生了一个新词"新零售"，而便利店因数量众多、贴近消费者生活且客流量大,得到了快速发展。

中国连锁经营协会发布的《2016 年上半年中国便利店行业经营情况》数据显示,2016 年上半年,中国便利店行业中有 73.8% 的企业实现了销售额同比增长,其中同比增长 10% 以上的企业占比达到 38.1%。便利店已经成为消费升级增长的主力渠道。

如今,只靠流量获取利润的传统经营模式已难以满足经营需求。随着移动支付的便捷性越来越高,新兴的零售业如雨后春笋般出现。

上海方糖小镇联合办公区内,一组冰柜与货架的组合特别引人瞩目。仔细一看,里面摆放着各式各样的零食、饮品。经常会有公司的员工用手机扫描货架上的二维码付钱提货,然后拿着零食回到座位上。如图 6-4 所示。

图 6-4 私蜜微便利

提供这些货架和商品的是一家名为"私蜜"的创业公司，而该服务被称为"私密微便利"。通过在合作企业办公空间内摆放开放式零食货柜的方式，打造一个办公室零食小店，而合作方无须任何费用，只需要提供 1 平方米左右的小空间就能让企业员工享受专属便利店福利。

对此，私蜜创始人表示："我们致力于成为办公室中的微型 7-11，并通过与联合办公空间及企业独立办公空间的联结共创，打造新零售业态与新消费文化，让办公族更加便利、快捷地用食物滋养生命，实现梦想，活出美好。"

作为新兴的办公零售业态，"私蜜微便利"的服务拥有一般便利店不具备的巨大优势。

办公室白领经常会在便利店消费，对新鲜事物的接受度也很高。在商品的价格上，"私蜜微便利"和一些大品牌的厂商进行直接供货合作，减少了中间供货商压价环节，相同的商品会比楼下的便利店价格便宜 10% 左右。

"私蜜微便利"尊重企业文化，提倡互相信任、友好合作的办公室环境。货柜不上锁，货架上的食品也可随时拿取，利用二维码一键支付，全凭公司员工自己诚实守信。"私蜜微便利"通过互相信任的自购模式，为企业的办公室打造了互相信任的微便利超市。

目前，"私蜜微便利"已经和许多企业达成了合作进驻协议。许多公司的高层人士也对"私蜜微便利"的信任服务模式表现出浓厚兴趣。

值得一提的是，通过"私蜜食物社区"网上 App 平台，"私蜜微便利"将许多用户和公司集群联合在一起，促进各方面的发展和创新，创造出了更大的商业价值和社会价值。

"私蜜微便利"还会通过微信等社交平台将企业与便利店相互联系起来，形成中心化的商业群组，让"私蜜微便利"成为真正的社交便利商业，从线下到线上形成完整的消费闭环。由此可以发现，电商和线下的零售便利店正在逐渐走向统一，线上线下相结合的"新零售"生态，有可能成为网络大环境下便利店零售发展的主要方向。

第 7 章

选人、用人、管人，打造高素质员工队伍

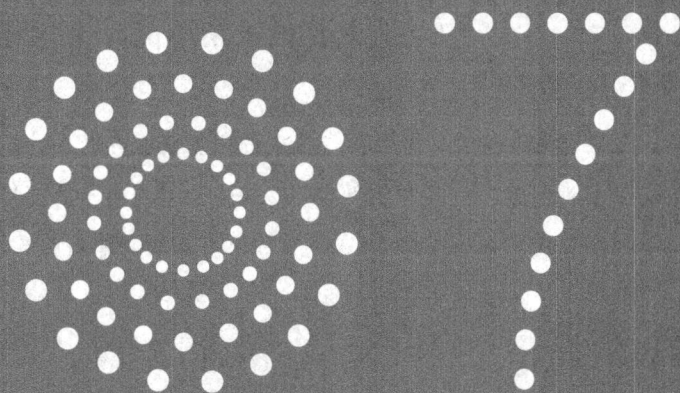

7

　　有抱负、有梦想、有创新的高素质员工队伍是一家便利店保持营业额稳定增长的重要保证。因此，许多便利店都很重视员工业务素质的培养，采取各种方式提高员工的素质以满足便利店不断发展的需要。本章介绍便利店该如何选人才，以使便利店良好快速地发展。

7.1　选人：员工素质高，生意旺

　　王某大学刚毕业，他利用借贷来的一些资金在社区开了一家加盟便利店。在招店员的时候，王某有些犯难，不知道该用低一点的工资随便找两个人来帮忙管理便利店，还是用高一点的工资去招几个做过便利店员工的人。

　　一开始，王某因为资金问题招了几个毫无经验的员工。王某亲力亲为，便利店倒也顺风顺水，生意还算可以，没出什么大问题。

　　直到有一天，王某因为有业务要出省几个星期，便把便利店交给了那些员工。等回来之后他发现，便利店亏损严重，主要原因是店员不懂如何进货、如何对商品进行合理摆放等。

　　至此，王某开始招收有经验、高素质的员工来便利店工作，便利店的营业额也开始不断地上涨。

什么是员工素质？员工素质就是指店内员工在工作时所具备的职业技能、职业意识和职业道德等。具体来说包括三个方面：知道要做什么、能不能做、愿不愿意做。

举个例子，便利店有商品需要摆放上架，有的员工在不太清楚的情况下随意地将商品摆放；有的员工虽会选择将商品摆到指定地点，但他只愿意按照指示行动而不愿多考虑；而有的员工则会从促进销售的角度出发，考虑能不能将商品摆放在自己所想的位置。

因此，我们可以看出，一个优秀员工的技能知识、对技能的熟练掌握和工作态度都非常重要。

身为一个便利店员工，每天与顾客打交道是必不可少的。店员要保证高尚的职业操守、充足的精力与活力、开朗的性格以及良好的人际交流能力，这样的员工才会给顾客提供满意的服务。因此，便利店在招聘店员时，要着重注意员工以下几个方面的素质。如图 7-1 所示。

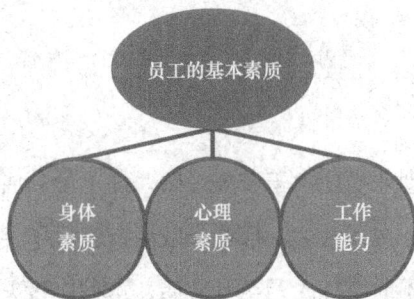

图 7-1 便利店员工的素质

（1）身体素质。除了日常的商品摆放、整理等工作，便利店的员工还要以饱满的精神迎接每一名顾客，因此，对员工的外貌、年龄、身高要有一定的要求。

（2）员工的心理素质。这一点主要从应聘人员的工作能力、行为举止、性格等各方面进行考察，对店员的最基本要求包括勤学苦练、善于学习、热情好客、思维敏捷、工作有上进心并且大胆细心、善于和顾客进行交流等。

（3）工作能力。从工作细节，比如如何科学地摆放商品，对商品的了解程度，工作经验等方面，能看出一个员工的工作能力。

高素质的便利店员工是便利店生命线中不可或缺的角色。具备良好的身体素质、较强的工作能力以及开朗的个性的员工能为便利店带来生机与活力，为便利店带来更多的客流量。

7.2　用人：人员配置合理

所谓人员配置，就是将合适的人放到合适的岗位上去。可以认为这也是人力资源管理的核心。无论是大公司还是小便利店，都可以算作是人的组织。便利店的营业额如何、客流量多少都是要靠人去实现的，只有通过合理用人、人尽其才，便利店的生意才会红红火火。店长的经营管理，离不开员工的配合。

7.2.1　避免任人唯亲

许多人在便利店创业初期由于资金短缺，加上便利店本身规模小，会请家庭成员帮忙照看打理。久而久之，那些亲戚朋友就成了便利店的核心人员。但随着便利店营业额的不断增加，乃至开分店，这种裙带关系就在一定程度上制约了便利店的发展。

李嘉诚曾经说过："如果你任人唯亲的话，那么企业就一定会受到挫败。"

便利店和公司一样，要在用人上避免任人唯亲，坚持唯才是举，而且在对员工的管理上，要坚持"疑人不用，用人不疑"的原则，同时严格遵守公司规章制度。

李某经营着一家社区便利店，她做事正直、热情，善于和居民打交道，很快李某便利店的客流量越来越大，生意也越来越好。

但最近李某却陷入了经营困境，她发现虽然便利店每个月都能盈利不少，但总会出现资金周转不灵的情况，有时候在向经销商进货时，甚至要打白条。一时间便利店的经营陷入了困境之中。

后来经过调查发现，由于李某经常忙于商品进货、与经销商谈合作、推广新产品，便利店的现金管理、仓库管理和便利店收银都交由她的姐姐负责。李某发现，她姐姐经常擅自挪用便利店的资金给自己购买化妆品和名牌衣物，然后过一段时间后再将钱还回来。

无奈之下李某只好辞掉了自己的姐姐，重新招人。

招什么样的人，怎样用人，对企业乃至便利店来说都是一个事关兴衰成败的大问题。经营者只有着眼长远，坚决反对任人唯亲，建立平等竞争的机制，一视同仁地对待员工，唯才是举，唯才是用，让有才能的人在合适的岗位上发挥作用，才能激发员工们的工作积极性，便利店的经营才能生机勃勃，充满活力。

> **小提示：** 虽然要避免任人唯亲式招工，但如果亲戚中有真才实学的人，可以考虑举贤不避亲，因为只有有能力的员工才能让便利店得到发展。

7.2.2 压缩人员，实现一岗多能

何某是一家社区便利店的店长，由于刚过完年，便利店还没来得及招员工，而社区的居民大多也在家休息，下楼去便利店购物也是经常的事情。因此便利店里经常忙不过来。

刚好店里来了个应聘的便利店老员工，何某一听是个老员工，就赶紧安排

他去收银，自己负责进货、运商品。后来便利店又招了一个新员工放到了收银的位置上，然后让原来负责收银的员工负责商品摆放。

但由于原来的员工没有接触过摆放商品这一工种，使得摆放的商品杂乱不齐，影响了便利店的营业额。

如今，许多便利商店都需要岗位上的多面手，利用一岗多能不仅能减少员工的雇佣，更可以在补货、收银繁忙时来补位，一解燃眉之急。如何才能合理地运用一岗多能呢？本小节从下面四个方面来进行解读。

（1）如果在岗期间调整岗位，怎样才能做到合适调整。

员工在岗时不建议做过多调整，因为这会导致工作繁重混乱。可以鼓励员工去不同的岗位并进行考核。如果有突发情况，原先的员工就可以请其他员工顶岗，顶岗员工还可以拿到顶岗奖励。

（2）店铺里如果没有绩效工资的政策，就会有员工抱怨：时常因顶岗而增加工作量，但并未感觉多劳多得。

（3）一岗多能要与奖励机制配合，最好是调整好店内员工的工资构成，比如有顶岗奖励或是多劳多得等。但如果未实行计件工资，又该如何通过换岗使员工做到多劳多得呢？

举个例子来说，店里本来要招四个人，每个员工3000元，每月共需投入12000元，这时候便可以跟员工商量，让他们三个人做四个人的活，但三个人总的工资会逐渐增加到12000元。这样下来，三个员工的工资也会慢慢地上涨，他们的积极性也会越来越高。

（4）对技能掌握要求较高的岗位，如何能让员工在短时间内学会。

1）师傅带徒弟，徒弟出徒给一定的奖励，而且徒弟还能帮助师傅干活。

2）随时随地做一些岗位的比赛，提高员工的学习效率。

3）不忙的时候，让员工做换岗不换酬的分工。

7.2.3　用人不疑，疑人不用

古往今来，大到国家治理小到便利店经营，在用人时都要考虑"用人不疑，疑人不用"的问题。

现在许多便利店普遍存在一个现象，管理人员喜欢"发号施令"让员工按照常规办事。在这些便利店内，员工做好自己的本分工作就足够了，毫无工作的积极性和主动性。在这种情况下，人与人之间根本没有信任可言，员工对便利店也没有责任感与归属感。

如果便利店的管理人员能够换位思考，与员工建立起彼此信任的关系，营造一个上下相互信任的氛围，无疑会增加员工的责任感，激发员工的内在潜能。

"用人不疑"的店长更容易调动员工的工作积极性。曾经有人说过"士为知己者死"，"用人不疑"表现出了店长对手下员工的尊重，店长也因此容易得到员工的充分信任。"用人不疑，疑人不用"也很符合当今便利店乃至公司员工管理的原则与趋势。

当然，也不能因为一句"用人不疑，疑人不用"就放弃了管理制度。公司和便利店也要建立严格的管理体系，并严格贯彻执行。

人管人累死人，这是现在许多便利店乃至大公司都存在的问题。特别是收银人员，他们的文化水平参差不齐，性格也相差许多，要想管理好他们难度不小。一般情况下，便利店会建立合理的薪酬制度和内部晋升制度来管理和促进员工追求学习进步。

7.2.4　24 小时便利店的最佳人员配置

如果便利店是 24 小时营业，那么一家 50 ～ 100 平方米的便利店一般需要 3 ～ 4 个工作人员同时工作，而且每个员工有各自的职责。

1．店长

执行总部下达的计划、指令并执行营销计划和促销活动，在总部的指导下改动商品的价格，同时进行商品销售、促销分析总结；掌握门店销售动态，向总部建议新商品的引进和滞销品的淘汰；有效控制管理门店的商品库存、商品损耗，降低各项经营管理费用。

监督指导店铺员工进行商品要货、补货、上货作业，做好商品验收、商品摆放等相关作业；将便利店的要货单输入电脑、复核、数据上传以及及时查看商品的要货数量、跟踪反馈；熟悉门店周围商圈、了解当地居民生活，清楚商圈内的竞争店，并及时调整相应的销售竞争策略；对店铺员工进行考勤、着装仪表和服务规范执行情况的监督管理。

掌握员工在店铺内外的动向，了解员工心理，负责对员工的工作进行指导、心理沟通及培训，提出对员工加薪、辞退、调动等建议。

掌握店铺内所有设备操作知识及其相关维护保养知识，进行合理管理。

进行基础的财务处理，分析销售数据，向加盟总部报告经营状况。

2. 上货员

负责直接与顾客进行面对面的交流，贯彻"情感销售"理念并凸显便利店"快速、便捷、平价"的特点。

主动为顾客讲解、导购商品。主动进行市场调查，并向店长反馈调查结果。

将商品按台账管理要求摆放到位；进行现场卫生清洁以及对商品物价的标识与核对，还有商品验收及反馈工作；及时了解商品品质同时提出合理的要货建议；负责做好营销店的防损工作；负责仓库的整理以及各项换班前、换班后工作的交接，必要的时候还要协助收银员的工作。

3. 收银员

负责按照收银服务管理的要求，快速地为顾客结算及收银机现金的管理。

负责速食的鲜度管理和损坏控制处理，商品物价的标识与核对及商品验收及反馈；熟练掌握商品知识及商品信息；负责妥善管理营业款，了解收银机的使用功能并熟练掌握各项换班前、换班后工作的交接程序；负责协助上货员的工作。

比如，便利店排班表如图7-2所示。

连锁便利店运营——24小时门店人员排班计划

月份

_____

日期 星期 班次 姓名	1 星期 二	2 星期 三	3 星期 四	4 星期 五	5 星期 六	6 星期 日	7 星期 一	8 星期 二	9 星期 三	10 星期 四	11 星期 五	12 星期 六	13 星期 日	14 星期 一
A班	早	晚	中	早	晚	中	早	晚	中	早	晚	中	早	晚
B班	中	早	晚	中	早	晚	中	早	晚	中	早	晚	中	早
C班	晚	中	早	晚	中	早	晚	中	早	晚	中	早	晚	中
店长	中2	中2	休	中1	中1	中1	中1	中2	中2	休	中1	中1	中1	中1
店助	中1	中1	中1	中2	中2	中2	休	中1	中1	中1	中2	中2	中2	休

图 7-2　24 小时便利店排班计划

早班时间：7:00 ~ 14:00；中餐时间：10:30 ~ 11:30。特殊情况下临时调整。

中班时间：14:00 ~ 21:00；晚餐时间：16:30 ~ 17:30。特殊情况下临时调整。

晚班时间：21:00 ~ 7:00；夜宵时间：00:00 ~ 01:00。特殊情况下临时调整。

中 1 时间：11:00 ~ 21:00；吃饭 + 休息时间：14:20 ~ 17:00。原则上不得离店。

中 2 时间：21:00 ~ 7:00；夜宵 + 休息时间：02:30 ~ 05:10。原则上不得离店。

人员分组：

A 班：收银 1+ 营业 1+ 营业 2

B 班：收银 2+ 营业 3+ 营业 4

C 班：收银 3+ 营业 5+ 营业 6

7.3　管人：制度化、书面化

便利店店小人少，但为了评价员工的价值创造和提升员工技能，也要实行绩效管理。绩效管理是按照事先制定的目标，对员工一段时间内的工作绩效进行考核。绩效考核的结果不仅将作为员工薪酬和职务升降的重要依据，也是便利店确定和调整经营策略的一个重要依据。

这种制度化的管理，容易让员工拥有认同感，可以减小决策失误的概率，也能提升便利店的竞争力。制度化管理的特点就是对每个岗位进行细分和明确并制度化。

要是没有良好的管理监控体系，就算自觉性再高的员工也会心生惰意。因此，无论是公司还是便利店，都应该有一套严格执行的监管体系。

绩效考核是绩效管理这一完整系统中的重要一环。员工的绩效考核制度有一个科学的体系。

绩效考核是对员工进行制度性考核和客观性评价的重要依据，也是能否调动员工积极性的一个重要指标。

建立员工绩效考核的目的，如图7-3所示。

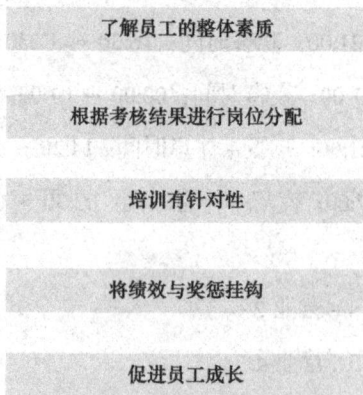

了解员工的整体素质

根据考核结果进行岗位分配

培训有针对性

将绩效与奖惩挂钩

促进员工成长

图7-3　员工绩效考核的目的

（1）了解员工的整体素质。通过绩效考核了解员工的工作情况以及员工之间配合的程度，如果发现某些员工的素质和能力已超过现职的要求，可以对其晋升岗位或是加薪；如果发现一些员工的能力水平和职业素质达不到便利店的员工要求，则可以进行降职或是辞退处理；如果发现某些员工有其他特长，则可进行调职处理。

（2）根据考核结果进行岗位分配。经过考核，对员工的心理素质、专业技能掌握程度、业务水平素养等进行评价，并在此基础上对人员的能力和专长进行推断，进而将合适的人才分配到合适的岗位上去。

（3）培训有针对性。对员工的培训要有针对性，培训前了解各个员工的素质及能力，通过考核确定员工的素质优劣及存在的问题，然后进行培训需求分析。最后的考核也是判断培训效果的主要手段。

（4）将绩效与奖惩挂钩。将考核与薪资相互结合，实行能者多劳的制度，激励员工努力工作。

（5）促进员工成长。员工绩效考核制度能促进便利店员工的不断进步。将绩效指标放在员工面前，便于员工明确努力方向。

王某在某小区旁开了一家便利店，刚开张的那会儿，便利店的店员们个个精神饱满，尽心尽责，但是没过几个星期，员工们就开始慢起来了，做事拖拖拉拉毫无干劲。因为王某给的工资都一样，员工觉得干多干少都拿一样的钱，所以就变得散漫起来。

在朋友的提醒下，王某开始实行绩效考核制度，将员工的薪酬与绩效考核的成绩相挂钩，实行能者多得。从此以后，店里的员工工作越来越认真，都充满了干劲。

绩效考核管理实行效果的好坏既取决于考核制度是否良好，也取决于便利店员工素质的高低。随着社会经济的发展，便利店市场面临着越来越激烈的市场竞争，重视员工素质的便利店才能在激烈的市场竞争中占有一席之地。

7.4 7-11 便利店员工管理的艺术

7-11 的员工管理制度规范到了令人吃惊的地步，可以说是书面化、制度化的一个流程。

7-11 会给便利店的每个员工都制定一个独一无二的工作计划表。在这个表上，员工能清楚地记得在某个时间要做的事情，甚至在这个表中还有"空闲时要做的事"以及"记得把物品放回原位""空闲时不要交头接耳"等提醒。

工作的内容有清洁、订购商品、检验商品、商品上架、检查商品新鲜度、商品陈设、报纸杂志的退换、补充消耗品等。举个例子，检查商品特别是速食品的新鲜度，7-11 要求员工在上班高峰前的早上 5 点到 6 点完成。而且每个店员要做的事情都会在计划表中用不同的颜色表示出来，这样就能让每个员工知道自己在什么时间应当做什么。

除了利用计划表来管理和指导员工的工作以外，7-11 对每项任务还有更加详细的要求，比如清扫。便利店的整洁关乎整个店客流量的多少，因此清扫也受到7-11高层的高度重视。7-11规定，对各个硬件的清扫擦拭必须做到一日数次，而且不仅仅是店铺内，临时存货间、临时货架也必须要保持清洁。最细致的是，7-11不但对清扫的对象有着硬性的规定，就连用什么清洁工具、用什么样的洗涤品、用何种方式进行清洁都有详细的规定。

比如店内地板的清扫，7-11 规定必须先用拖把拖两遍，然后再利用抹布和机器进行打扫。清扫的时间在任务计划表上标明，一般上午 11 点用拖把清扫，然后用湿抹布擦拭，此后，一天之内共要拖七次地，其中要用浸湿的抹布擦拭4次。每天用机器清扫2次，一次是下午2点，另一次是凌晨2点，而且用机器清扫后，还必须用拖把再拖一次。当然，这个计划不是固定的，天气恶劣的情况下，清扫的次数会更频繁。为了使清扫的效果更好，7-11 不仅对便利店的清洁时间有严格规定，还不断改进清扫用具。

进货上货管理也是 7-11 对便利店员工工作内容的一项重要指示。当送货商品到达便利店的时候，在店长的指挥下有的商品会直接上货架，有的商品则会存放在储藏间。这时候便利店一般会产生短暂混乱的现象。如果出现这种情况会对顾客购物产生不利的影响。

为了应对进货管理问题，7-11 通过将进货程序化进行层层管理，争取在最短的时间里快速解决所有商品的送货进货，并制定相应的计划进行搬货，防止造成进出困难。

7-11 之所以用这样详细的规则去管理员工，是因为公司认为员工不能只是完成任务，而是要去学习、管理、经营便利店的一切，进行全面发展。这就好比一个人的身体只有一部分在运动，而其他部位无作为，那他就不是一个健全的人。

7-11 在招聘员工时非常看重店员的为人处世以及处理突发事件的能力。比如，7-11 在面试员工的时候，会在地板上放一些小纸屑，考察面试者能否看到地板上的小纸屑，并将它捡起来丢入垃圾桶。在 7-11 看来，一个人能注意到工作场所的垃圾并捡起来丢入垃圾桶，也是一种及时发现问题并将其解决的能力。

7-11 不仅通过制定固定工作计划表来规范员工该干什么不该干什么，而且还十分重视事后的检查与评价。因此，7-11 还制定了工作检查表，在其中列出了所有作业项目，每个人可以对照表格来查看自己的执行情况。这种检查一般都是以一个月、一个半月为单位进行的，7-11 根据各项工作的执行情况，再制定出下一个时间单位的工作计划和具体指导方案。这种检查表通常是先让公司总部制定出一份详细的表格，各加盟店根据自己店铺的情况再进行调整修改。每个人要做的工作都是由本人和其他相关人员填写。

7-11 的工作考核内容十分细致，在店员行为管理中，还有一项流程规范的店员行为表。比如在日本的店里：在顾客结算的时候，必须能让顾客清楚地听到"欢迎您"；面对顾客时，同事不能交头接耳；面对认识的顾客不能随意聊天拉家常等；要清楚说明每件商品的名称、价格，同时做好收银结账的工作；确认顾客已付款，要主动为顾客双手递上收条，不能让顾客讨要收条；顾客在等待时，轮到他结账时一定要说"让您久等了"；当有很多顾客在另一处等待结账时，要对等待的顾客说"请到这边结账"；加热后的商品必须手持交给顾客，以保证商品是温的。

对顾客寒暄用语也是 7-11 员工管理的重要内容。7-11 规定店员用的寒暄用语一般有五句：欢迎您；非常感谢；是，知道了；请稍等一会儿；非常抱歉。7-11 将这 5 句标准的寒暄用语贴在墙上，以监督员工按规定规范自己的行为和言语，无论店主、店员还是临时店员都必须做到。

而且 7-11 日本店发现，5 句标准寒暄用语对于新来店里的顾客或是只来一次的顾客已经足够了，但如果是经常到店购物的老顾客，仅这 5 句用语就显得单调且缺乏人情味。为了解决这个问题，7-11 在 5 句标准用语的基础上，又制定了针对来便利店的老顾客"6 用语"，这些用语包括"早上好""中午好""晚上好""请慢走""您辛苦了""您劳累了""请多休息"，此外还有"真热呀""春天来了""天气转凉了""真是冷呀"等与季节天气有关的用语。店员在使用这些寒暄语时，必须面带笑容，真正让顾客体会到 7-11 的温暖和热情。为此，新店员或新店主在开始营业时，必须在店铺指导员的指导下，不断反复地训练，直到店铺指导员满意为止。

在 7-11 的员工管理中，还有一项管理员工语言行为的经营理念，那就是人心增值论。该理念认为，许多东西用的时间长了，其价值会变小，人力资源也是如此；只有一样东西是时间越长、你越善待它，它就会对你越好，那就是人心。所以，7-11 有一套培养、维系顾客人心的经营体系。

据以前在 7-11 工作过的员工称，在东京一家 7-11 店铺中有一个锦囊，当店员面对顾客的提问不知如何回答时，他会说"请稍等一会儿"，然后，请教其他同事，如果同事之间讨论没有结果，仍不知道如何回答时，就得请教这个锦囊，锦囊里有应答的所有办法。

7-11 便利店规则的第一条就是不准向顾客说"我不知道"，而应该回答"您稍微等一会儿，我去找一下看看"；如果顾客着急离开的话，店员要说"明天路过本店时，我们将查到的结果告诉您"；或者说"我们马上去查，请将您的联系方式告诉我们行吗"。

在接过顾客留下联系方式时，锦囊里还说如果是年轻女性则必须由外表老实诚恳的男性店员去接等。据说，只要店员完全按照这个锦囊去做，就会"得到"无数颗诚挚的心。7-11 的人心增值论里还规定，如果碰到行人问路，店员绝对不能说"不知道"，而应该手持地图亲自到店外，为行人指明道路。此外，碰到老年人进店，要出便利店帮助老人提东西。这些都是 7-11 人心增值论的重要内容。

第 8 章

便民服务要贴心，
回头客自然找上门

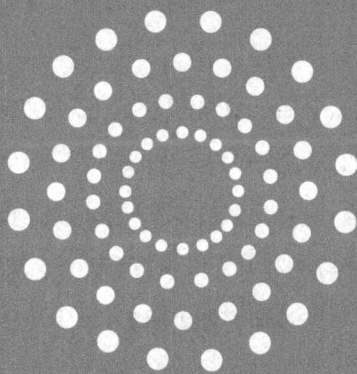

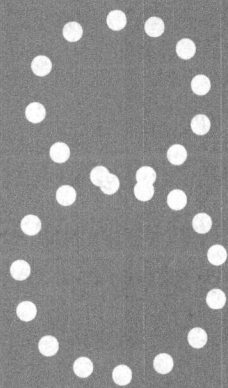

你是不是也曾以为，便利店只会售卖面包零食、饮料或者日常生活用品呢？随着电商 O2O 便利店的大规模建立，许多便利店都已具有完备的快递代收、水电煤缴费、文件打印、ATM 机取款等业务，只是大部分顾客并没有注意到而已。

现在，许多便利店都支持网络支付平台支付，用户结账选择第三方支付软件"条码支付"功能并出示手机，让收银员用条码枪扫描一下，就可以完成付款。另外，一些贴心服务如雨伞租赁、电话卡充值、收发传真等业务也在营业时间开展。

在日本，便利店往往是具备书店、ATM 机取款、快递收发、各种发票服务、快餐店等功能要求的综合性社区服务平台，顾客来店可以给手机充电、收发快递、理财缴费、借阅杂志、吃饭等。相比之下，由于起步晚，我国的一些便利店还只是超市的微缩版，服务的内容略显单薄，还有很大发展空间。

本章介绍便利店如何更进一步地做好便民服务。

8.1　拓展服务领域，让便利店更便民

7-11 便利店创始人铃木敏文曾把便利店视为年轻人和上班族"自己家的冰箱"。但到现在，便利店的作用早已超越了"自己家的冰箱"，变成了一个"要

什么有什么"的小型万能商场。

那么，人们靠便利店生活是什么样的体验呢？一天 24 小时，想吃东西，便利店什么都有卖；想取钱，便利店有 ATM 机；家里快没电了，便利店可以缴费充电；家里没人，便利店可以帮忙收快递；想看场电影，不用到现场排队，便利店就可以买票……可以说，现在的便利店服务功能，只有你想不到的，没有它不具备的。

便利店已经成为人们的一站式生活服务平台，它之所以向多元化方向发展，与当前的消费形态是分不开的。从消费行为来看，现在只有 20% 的顾客走进便利店只是为了购物，而剩下 80% 的顾客进入便利店在购物的同时还希望获得其他服务，比如收发快递、缴纳水电费、取钱、打印等。可见，店内增设各类增值服务不仅增加了顾客的到店消费频率，而且也提升了便利店整店的营业额。

据统计，7-11 便利店的 ATM 机，平均每天交易次数是 120 次左右。为什么顾客在便利店排队等待取钱会远比在银行等候取钱更有耐心呢？因为在便利店的顾客可以在等候的同时浏览货架，也可以在报刊区取一本杂志翻看，这大大缩短了心理等候时间。。在日本便利店，"站读文化"也成为一道亮丽的风景线。

很多便利店还会为顾客提供免费 Wi-Fi 服务，当然，很少有顾客只是站在店内埋头使用免费 Wi-Fi 而什么东西都不买的。早在 2015 年，7-11 便利店专门推出免费 Wi-Fi 服务"7Spot"，而且还通过"7Spot"在集团内的店铺间实现对顾客的相互引导。比如，通过 7-11 门店的"7Spot"免费赠送顾客某活动的入场券，从而将便利店的顾客向百货商场引流。

便利店通过增加各类增值服务品类，不仅能为顾客提供另一种形式的便利，更能在很大程度上间接增加便利店的收益。目前，便利店除了在日常生活服务上下功夫，还在挖掘即食产品、半成品上费尽心思。下面主要从这两方面介绍现在的便利店是如何拓展这类产品的。

8.1.1 拓展即食产品

对于宅男宅女、家庭主妇、上班族及一众"懒癌"患者，便利店无疑让他们的生活变得更便利。

可能有些人很难想象，便利店还卖关东煮！"为什么便利店卖关东煮"这个问题看起来有点无厘头，但是如果仔细思考，这里面的学问还是很大的。下面主要从以下四点做具体分析。如图8-1所示。

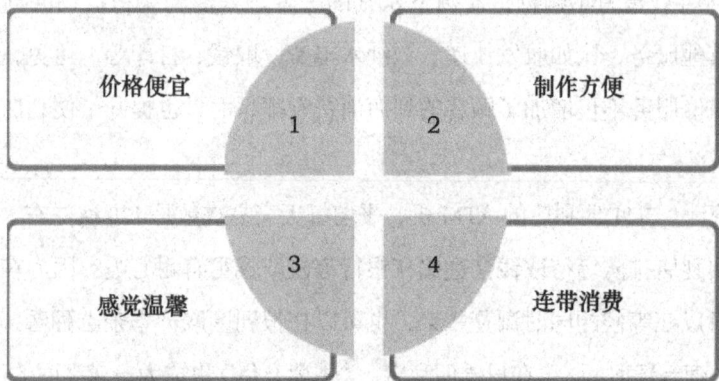

图 8-1 关东煮入驻便利店原因

1. 价格便宜

对便利店来说，关东煮原材料便宜，是一种高毛利商品；对顾客来说，关东煮价格很便宜，一般价格在1元、1.5元、2元、2.5元、3元和5元不等。图8-2是某关东煮的价格表。

低廉的价格，让顾客在购买时根本不需要多想，想吃就买。可能很多顾客本来没打算吃关东煮，只是在便利店结账或者路过便利店门口时，闻到关东煮的味道，被勾起了食欲，顺便买上一份。

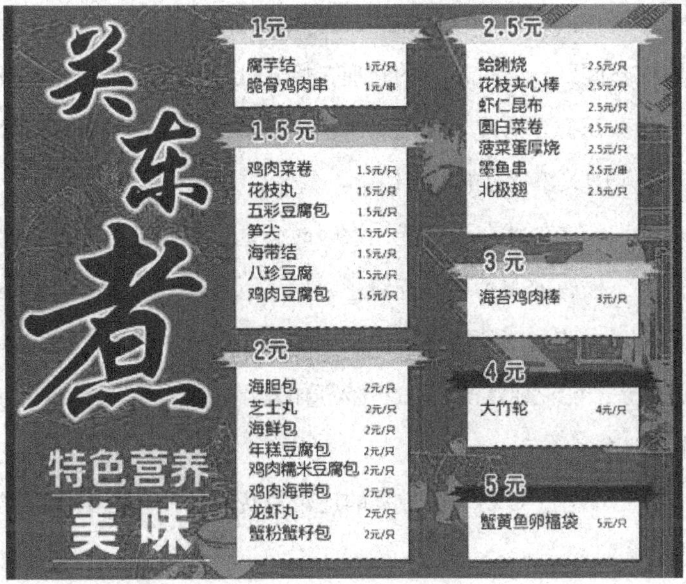

图 8-2　关东煮价格表

2．制作方便

关东煮原材料很容易准备，制作方法也很简单，只需要把原材料洗干净，插上木扦子，放到准备好的汤料中煮一会儿即可。最关键的一点，关东煮这种商品符合便利店满足顾客即时需求的定位。一般来说，一线城市的便利店里都会卖一些能填饱肚子的"伪正餐"，比如饭团、面包、三明治等。这些"伪正餐"的购买者大多是那些赶地铁的上班族，他们不过是"肚子有点饿了，先凑合着吃点什么吧"。既然是"凑合"，他们肯定不会去饭馆，也不愿意吃街边那些又脏又破的小店卖的东西。这时，如果有一家明亮干净的便利店里卖关东煮，制作也方便，又不会浪费太多时间，肯定会有很多人愿意购买。

3．感觉温馨

关东煮是热的、即食的，"吃上一口热乎乎的关东煮"对加班到深夜的上班族来说，无疑是最"温馨"的事情。试想，当你乘坐最后一班地铁回到小区中，唯一亮着灯迎接你的只有一家便利店，虽然你已经又困又累，恨不得赶紧回家睡觉，这时突然闻到一股关东煮的味道，恰好肚子也在咕咕叫，你肯定会毫不犹豫地点一份关东煮，再拿一杯热奶茶，坐在靠窗的座位吃起来。那时你也许会觉得，热乎乎的关东煮真的太亲切了。

便利店的独特之处就在于它能让人时时感觉到温馨：下雨天，你可以在便利店借雨伞；下楼时衣服不小心开线了，你可以在便利店借针线；下班了，想想家里快没电了，路过便利店你可以买电费……冬天、夜晚、雨天的时候，一份热腾腾的关东煮能让你对便利店产生浓厚的情感。

4. 连带消费

关东煮价格便宜，是易于被激发的连带消费品。在生活中，可能会经常遇到以下场景。

老婆："老公，有点饿了，我想吃关东煮了！前面刚好有家便利店卖关东煮，我们去那儿买吧。"

老公："好好好。"

老婆："再买瓶可乐吧。"

老公："刚好，我的牙膏也快没有了，再买管牙膏。"

…………

在竞争日益激烈的零售行业，遍布城市各个角落的便利店犹如一匹黑马，快速占领了零售市场。然而便利店最核心的还是产品竞争力，所以，为了吸引更多的顾客，各便利店品牌在食品研发上也都铆足了劲。例如，日本连锁便利店 SUNKUS 每周都会推出 5 ~ 8 种自有新甜品；全家便利店每周也会与甜品制造商研究自有商品。还有很多便利店为了增加即食食品的种类，在店内备有微波炉、电饭煲，如果顾客有需要，可以直接加热后再送，这样可以更大限度地满足顾客需求。

如今，"一碗热气腾腾的酸菜肉丝面，配两串鸡肉菜卷"这些美味在便利店就可以吃到。目前，上海很多家便利店，鲜食或经过简单的微波炉加热就能吃的即食食品已经多达 40 种。对此，本地的一家便利店负责人说："盒饭等即食食品已成为便利店行业的优势商品。"

据业内人士透露："依据国外的经验，以即食食品为主的特色商品毛利润最高可达 40%。"与利润较低的代收水电费等服务相比，即食食品的利润还是十分可观的，其市场潜力也相当大。例如，早在 2016 年，全家便利店便在店内增加了 12 ~ 16 个座位的用餐区，在上海的 800 家门店中，一到餐点就能看到店门外大排长龙。如今，餐饮收入已占全家便利店总收入的 60%，日销售 30 万份盒饭也让全家便利店成为隐形的餐饮巨头。

目前，从便利店的发展形态来看，加紧发展即食食品等特色服务，意味着从外延式增长向集约型增长转变。所以，现在开便利店要紧跟时代形势，在即食食品上面多花心思，最好也能走出一种适合自己的独具特色的便利店发展模式。

8.1.2 增加半成品种类

最近，家住天津某小区的王某发现社区的便利店内多了一些特殊产品——半成品净菜。因为工作繁忙，王某以前一直都是定外卖或是在餐馆解决晚餐问题。

现在有了半成品净菜，王某可以在回家路上买一些，到家自己做。因为是半成品菜，王某在买回家后不需要花时间去洗菜、切菜，直接下锅炒煮就行了，十分方便。

王某买的这些菜都是由一家社区便利店统一配送的。像王某这样的上班白领还有很多，都很喜欢便利店提供的经济实惠且方便快捷的半成品净菜。

便利店的半成品净菜就是已经被洗干净、切好的小包装菜品。随着生活及工作节奏的加快，许多上班白领在家的时间越来越少，而且许多 90 后的年轻人也不是很懂做菜的方法和食材搭配，他们大多会选择在餐馆解决或是叫外卖。因此，针对那些没时间买菜洗菜做饭的年轻白领，许多社区便利店或地铁站便利店都会推出售卖半成品净菜的服务。选择半成品净菜的理由如图 8-3 所示。

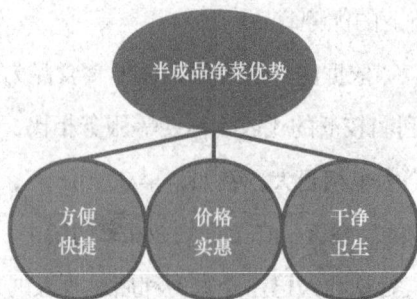

图8-3 选择半成品净菜的理由

半成品生鲜净菜市场无疑潜力巨大。据易观智库统计，2013年半成品食品网购交易额达到57亿元，同比增速达到40.7%，2010年至2013年复合平均增长率达到138.5%；从淘宝指数看，半成品净菜搜索和成交额同比增长均超过100%；预计未来5年生鲜电商行业增速超过100%，市场规模大约为1000亿元，其中的半成品生鲜O2O市场也随趋势快速发展，哪怕只占其中的10%，也有数百亿元的市场容量。

为了扩大半成品净菜的销售优势，我们可以从多方面考虑来提高半成品净菜的品质，主要来说有以下几点。

（1）打破预订的时间限制。可以借鉴国外一些预订模式，比如按照提前一周、两周预订的方式，让顾客可以提前选购半成品净菜，然后由便利店按时送到顾客家中，免去了顾客每天下单的麻烦，从而保证顾客的回头率。在顾客预订的同时还可以为其介绍一周营养套餐，特别是那些追求营养搭配合理的顾客，如冬瓜排骨套餐、全素低热量套餐等。

（2）拓展产品种类。先做好一般的家常菜品，比如香菇油菜、蒜薹炒肉、辣子鸡丁等，然后向养生汤品、餐后甜点、零嘴卤味拓展。因为消费场景相同，饭后吃点甜点很正常，顾客可以一站式购物，从而提高了平均客户购买单价。

此外，还有保持菜品新鲜度、提高配送速度等。

8.1.3 不只是便利，更注重细节

2016 年夏天，李某正在自己的便利店内打理生意，一位年轻白领走了进来，她问李某这里有没有打气筒，说是电动车轮胎没气了，赶时间上班。李某立马就帮她把轮胎充好了气，临走时白领掏出十块钱想谢谢李某，李某立马就拒绝了。在白领走了之后，李某马上把打气筒放在门口，还挂了一个免费充气的小牌子。

因为李某的便利店开在社区附近，来来往往的人流量特别大，经常有人来她这儿为自行车或电动车轮胎充气，在充气的时候有些人还会进店转转，这样一来，李某店里的营业额也上去了一些。

对一家便利店来说，仅仅便利是不够的，做好细节服务也尤为重要。一方面是因为便利店的经营规模肯定比不上大超市，特别是在各种商品组合、商品的售后服务等方面更是与大型超市天差地别，一不小心就会被对手所击败；另一方面随着社会经济的飞速发展，消费者的消费观念也在发生着变化，许多消费者总喜欢到大的商场或者超市购买商品，因为大超市的价格要比便利店低不少，加上大超市商品齐全，便利店很容易出现顾客流失的现象。

如果说便利是便利店对大超市的一个优势，那么注重细节则是便利店对大超市的另一个撒手锏。便利店想要在激烈的市场竞争中生存下去，就必须从细节做起，以细致、特色的服务来赢得顾客青睐。第一，便利店的员工态度要端正，为顾客服务的时候笑脸相迎，不能对顾客有所不满；第二，要注重商品的质量，拒绝假冒伪劣商品；第三，可以提供一些便民服务，比如在马路边的便利店可以准备几个打气筒，免费为顾客和行人进行打气服务，在社区附近的便利店还可以帮助居民代缴水电费、收发快递，提供上门送货等便民服务。便利店应多利用这些便民服务来积攒人气，提高经营效益。

细节决定成败，如果你对顾客将心比心，那么便利店的生意自然水涨船高，而且顾客会对你的便利店产生依赖。便利店一般要注意的细节如图 8-4 所示。

对顾客时常保持微笑

01

02

始终如一对待顾客，无论顾客是否购买

就算商品缺货也要满足顾客的需求

03

04

便利的自助服务

图 8-4　便利店一般要注意的细节

8.2　用户体验，唯快不破

"便利店订单一小时内送达""同城快递当天送到""出门叫车即点即走"……在这个飞速发展的互联网经济时代，线上的快捷也在督促便利店不断加快着自己的脚步，人们对"快"的强烈需求也不断推动着市场进入到"快经济"时代。

对于快销品的传统连锁零售行业，特别是区域零售便利店来说，O2O 对便利店的发展显然有着极大的好处。考虑到遍布各生活小区的社区便利店和庞大的会员体系，快速的线下派送已然是大势所趋。本节介绍如何在这个飞速发展的时代做好线下急速派送。

8.2.1　增设配送专员，提高顾客满意度

杭州的"云超市"自从 2016 年 4 月 25 日正式发行上线以来，一直到 9 月份云超市每天的订单数都在 240 单左右，月营业额超过 40 万元，且还在一直增长。云超市实现了"整个杭州市区 1 小时内送达，超时就免费"的口号。如此高效率的配送，云超市是如何做到的呢？

云超市 O2O 的基本模式是线上订单线下派送，现阶段商品主要为进口系列、

杂副食品、酒水饮料以及日常生活用品等，同时其依然在继续寻找合作伙伴不断扩张。现在，云超市官方有微信商城、淘宝店、便利店 App 等平台，顾客可以在线完成下单、支付，所选商品由线下最近的直营便利店进行配送。如图 8-5 所示。

线上下单 → 电脑筛选 → 商品选取 → 物流配送

图 8-5 云超市 O2O 配送模式

云超市所有的线下店都有联网系统，客户的数据、订单都可以通过网络搜寻到。在用户下单后，软件系统会将订单自动分配给最近的网点，由该便利店的员工进行配送。店内通常有五六名工作人员来保证商品的及时配送和便利店的取货。在订单很多的区域，店内会多招一些工作人员，防止送货不及时。

一提到社区便利店 O2O，必定会谈到物流配送，而物流配送最主要的就是成本。大家都知道做物流的好处，但都不敢贸然去做，其中的缘由非常简单：如果顾客每次订购的货物很少，但是购买的次数很多，那快递的成本也就会逐渐上涨，因为运费涉及了人力、交通、时间。但如果快递费很高的话，顾客又很容易不买账。

这在外卖领域尤其明显：比如，美团外卖主要做普通外卖订单，配送物流一般都由商家自行解决，减少了许多物流配送问题，但是配送的质量却参差不齐；食之味主做中高端用户，物流配送亲力亲为，服务和品质可控，但用户群体有限。

如果大家都想着赚高端群体的钱，这个市场就会竞争太激烈。但是，无论是高端用户还是普通消费群体，油盐酱醋总是日常必需，而日常用品的配送是用户价值交付的体现，可以吸引顾客在平台上再一次消费。所以说，商品和服务的快递不仅仅是最后那几百米的传递，也是和顾客最近距离交流的手段，而送货人员本身就是一种传媒，通过物流还可以收集用户的反馈信息，这对于任何消费群体都是一样的。

8.2.2　社区001，专注商品配送

"我们是超市的搬运工"，这是社区001创始人之一的邵元元说得最多的一句话。

据公开数据显示，截止到2016年9月底，社区001已在全国12个主要城市布局了78个实体网点，拥有70多万用户，在北京覆盖近4300个小区，28个商圈；在营销方面，社区001的客单价在300元上下，月营收上亿元，平均每天的订单量在2万单左右，时间比较集中在周五、周六、周日，中年与老年用户占到七成以上，复购率高达80%。

社区001的主要顾客群定位为掌管家庭经济命脉大权和食材购买的中年妇女们，这些人往往决定着家庭生活消费品质，但她们中的很大一部分人又并不擅长网购。因此，社区001在业务之初就将目光集中到了这些中年妇女身上。

社区001有95%的订单都来自电话订单，微信和PC端几乎没有。在网络社会发展的今天，社区001没有将目光放到网络上而是通过电话这种方式，自有它的独到之处。

在宣传方式上，社区001联合了当地物业在线下进行宣传和推广，目前在全国社区001的商圈内，一周会有50多场这样的活动。跟商家（如鲁花花生油、王老吉等）提前谈好，以免费体验、让利促销来吸引顾客，效果十分火爆，很受社区居民欢迎。此外，他们跟上班白领的生活相接轨，起床上班前预定，下班回家收货，指定时间再去配送。

在把电商和商场的一些短处都避开之后，社区001已然成为那些足不出户却又想购物的人的购物平台，利用线上的供应链和仓库储备，为那些不懂网络却又不想出门购物的人们服务。

方便帮助社区居民购物只是社区001的第一步，未来社区的各种服务他们都在努力去做，使社区001变成一款社区居民生活的必需品。

8.2.3 叮当来啦：比男友更贴心，只需 1 元就外送

在广东惠州有这样一家线上便利连锁店。某天，同事小王肚子有点饿了，就在一款 App 上定了一包辣条一根布丁冰棍。我看到之后当时就说："不可能吧，你才买这么少，人家给你送？"同事笑了笑没说话。

过了十几分钟，真有一个便利店小哥将商品送了过来。在吃惊之余，我终于相信有人愿意为这么点钱的商品就跑路过来送。于是我就记住了这个叫"叮当来啦"的 App。

"叮当来啦"便利店是通过手机 App 下单，售卖一般便利店都有提供的零食饮料、生活用品、烟酒等。除此之外，"叮当来啦"便利店还提供一系列的增值业务，比如，买灯泡提供上门换灯泡服务以及代购商品、帮忙拿快递等多种特色服务。如图 8-6 所示。

图 8-6 "叮当来啦"App

网上 O2O 便利店，只是一般人对它的定位，"叮当来啦"当初对自己的商业定位是网上服务性质的商家，只是选择了便利店作为一个创业发展点。"叮当来啦"不会跟一般商家打价格战，因为它的定价一般都是商品的标准价，但"叮当来啦"能为顾客提供更多的服务，这是它和传统便利店的最大区别。

8.3 完善售后服务，提高与顾客的和谐度

当今社会快速发展，各行各业的竞争也越来越激烈。对于便利店来说，顾客代表了营业额，代表了收入，那么如何做好售后服务就显得尤为重要。要让顾客不仅满意便利店的商品，更满意便利店的服务。

8.3.1 店内引进人性化服务

张某在社区门口附近开了一家便利店，虽然周围也有不少便利店，但张某的便利店生意总是最好的，客流量也是最多的。张某的店能在众多便利店中脱颖而出，是因为他有一套小秘诀：那些只购买香烟、电池、口香糖等小件商品的顾客可以优先结账。

这个做法得到了许多顾客的认同，也变成了其便利店的一个特色。许多购买香烟的顾客都喜欢去他店里再买。

张某还在寸土寸金的便利店内摆放了几张小凳子，专门供老年顾客和儿童等进店购物的时候休息。此外，对于顾客需要但店内暂时没有的商品，便利店的员工也会尽可能地想办法去满足顾客需求。

所谓人性化服务，最根本的核心就是以人为本，为顾客提供全面优质的服务，让顾客感受到人文关怀，有效提高便利店顾客的满意度，从而达到让顾客再次光临的目的。

以前，很多人都认为零售便利店之所以能在竞争激烈的市场中分一杯羹，是因为便利店的便利与快捷，这种观点显然已经过时。纵观国内便利店市场，竞争日趋激烈，供不应求已是明日黄花。

因此，在便利店中，如何了解并有效地实施人性化服务，就显得十分重要。那么，便利店应该如何系统地实施这些人性化服务呢？如图 8-7 所示。

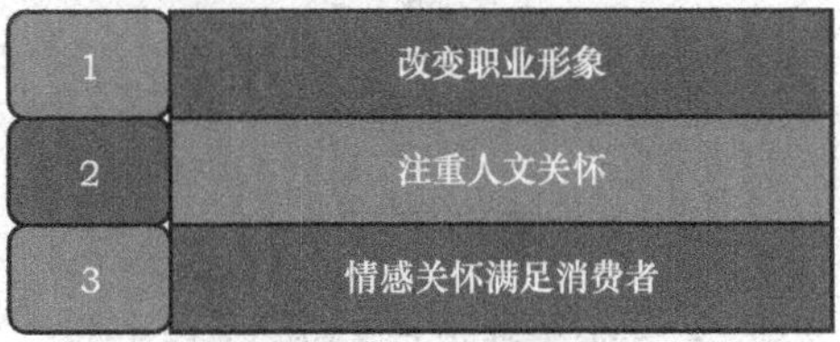

图 8-7　便利店人性化服务

（1）改变职业形象，规范店员接待语言。便利店应统一组织店员进行日常待客礼仪的培训，规范文明用语。要求店员在和顾客沟通时面带微笑，使用礼貌性、解释性语言。

（2）注重人文关怀，实施人性化服务。对于社区一些行动不便的老人，为他们建立专门的档案，定期主动打电话问其需要什么，然后尽快送货上门，还要主动向顾客介绍新的产品。

（3）情感关怀满足消费者的精神需要。便利店的人性化服务不需要投入太多资金，主要是解决顾客精神上的需要。现代便利店服务不能仅局限于让顾客满意，而是要让他们有一种宾至如归的感觉。

8.3.2　阳光微笑式售后服务

一项优秀的售后服务应该具备五个要素，如图 8-8 所示。

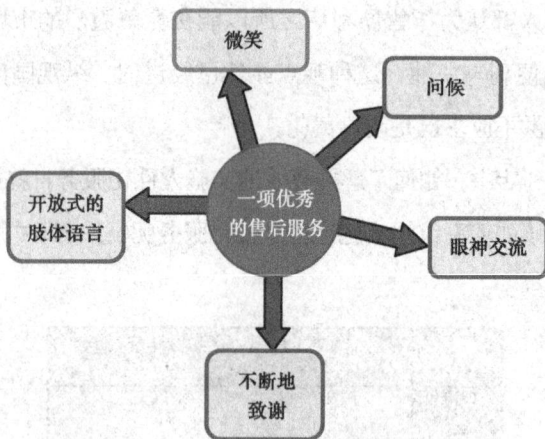

图 8-8　一项优秀的售后服务应具备的五要素

　　开便利店一定要注重信誉，你向顾客允诺了信誉服务，就必须做到。不能因为他是你的一次性顾客就不理不睬，要知道你的一次性顾客可能会是你的潜在顾客，也可能会成为你的长期顾客或者他会介绍更多的顾客给你。记住，让客人满意是便利店的承诺，我们要坚守此承诺竭诚为顾客服务。

　　一般来说便利店服务都会遵循四大原则。

1．三米微笑原则

　　店员在三米左右距离看到有顾客进店，应以自然微笑状态来迎接顾客，同时要对顾客说"欢迎光临！"。

2．顾客永远是对的

　　在为顾客服务的时候，如果与顾客发生冲突，要从便利店的根本利益出发，本着"顾客永远是对的"的原因，尽可能避免与顾客发生冲突。

3．排忧解难

　　顾客在有疑惑的时候应热情地为顾客解答，主动替顾客解决在便利店内遇到的任何困难。

4. 顾客至上原则

便利店的生存发展离不开客流量。因此，在为顾客服务时，应当把顾客当作尊贵的客人来招待，给顾客提供一流的服务，一切以让顾客满意为前提。

8.3.3 建立 CRM 管理机制

CRM（Customer Relationship Management）就是客户关系管理。

现在的便利店会利用 CRM 管理与顾客间的联系，通过连接到其他平台、积分兑换等服务，增加新的收益点（如日本便利店利用自己的销售网络为网上商店提供物流服务）；通常便利连锁店可以通过对顾客数据分析，了解到哪些商品更受大多数顾客的喜爱，便利店就能根据顾客的喜好调整备货和搞好促销活动。

CRM 管理机制能带给便利店的好处如图 8-9 所示。

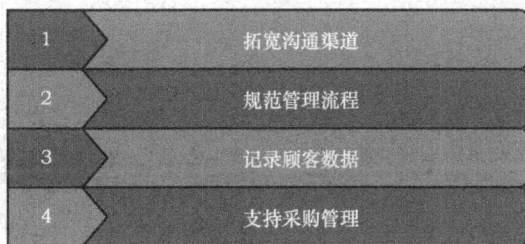

1	拓宽沟通渠道
2	规范管理流程
3	记录顾客数据
4	支持采购管理

图 8-9 CRM 对便利店的好处

（1）拓宽与顾客的沟通渠道，让更多的顾客了解便利店的最新情况，也可以利用移动 App 为顾客提供个性化的交易体验。

（2）规范便利店管理流程。哪怕是新来的便利店员工，只要按照程序的指示就能迅速上手工作，这大大减少了便利店培养员工所花费的时间精力，提高了员工上岗速度。

（3）记录来店顾客与便利店员工的收银接触与交易记录，帮助便利店更好地了解顾客的喜好和来店经历，对顾客进行细分，并针对不同顾客的购买习惯改善服务，从而提高顾客的满意度和忠诚度。

（4）通过 CRM 中的采购管理提供数据支持，进行采购价对比，从而在众多供货商中选出最合适的合作伙伴。

8.4 喜士多：水果组合，让顾客多一种选择

水果是消费中必不可少的食品，人们对水果的口味和营养都特别重视。而目前市场上主要是一些小商贩和超市有水果供应，这远远满足不了广大消费者对水果的购买需求。

位于上海静安区的一家喜士多便利店做到了"水果组合，让消费者多一种选择"。如图 8-10 所示。

图 8-10 位于上海静安区的一家喜士多便利店

　　与其他便利店不同，由于所处商圈的顾客大多数为在附近大厦工作的女性。在水果选择上，这家喜士多就选择了颇受女性喜爱的"维 C 多"水果组合。因为在大厦工作的女性员工要长时间对着电脑，因此水分和维生素 C 的补充就显得尤为重要。此外，喜士多不仅有"维 C 多"，还有袋装小番茄组合，满足了不同女性的需求。

　　当然，在额外的便民服务方面，这家店也是当仁不让。因为来店里的大多数都是女性，这家便利店就抓住了这个机会，为那些在大厦上班的白领女性提供免费代收邮件包裹业务，而下班女白领排队取包裹时总会买点什么，这又是一笔不小的额外收入。

　　同时，为了迎合女性顾客的喜好，当地喜士多门店的甜品种类日均保持在 8 种，并且会定期调整口味。

第 9 章

提升获客能力，离不开线上线下推广

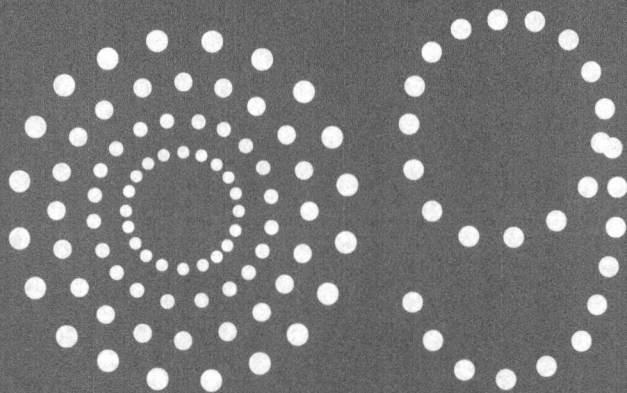

便利店的营业额离不开客流量，那么如何才能将顾客吸引到店里来呢？这就离不开推广，如今网络发展迅速，线上线下的推广宣传必不可少。本章介绍如何对便利店进行推广宣传。

9.1　线下推广

在"互联网 +"的新型生态环境下，营销活动越来越受到各大企业和便利店的重视，线下推广在移动互联的大环境中是营销活动的闭环，线下推广效果直接决定整个便利店营销方案最终实现效果。本节介绍如何进行线下推广来提高便利店的客流量和营业额。

9.1.1　公交、地铁、商城海报广告宣传

广告发放是促进便利店商品销售最有效的方式之一。一个好的富有创意的广告不只是将商品成功地宣传出去，同时还会给顾客留下一个深刻的印象，而且有效地传达了便利店对顾客的销售理念。要想将一家便利店经营好，市场营销是重点，一个好的市场营销必须根据自己便利店的经营特点还有进店消费的

顾客特征，制定相应的营销策略和销售手段。如图 9-1 所示，一个好的广告推广应具备以下特征。

图 9-1　好的广告推广应具备的特征

（1）商品广告要有视觉效果。广告就是为了吸引顾客对品牌或产品的注意。一个视觉效果良好的平面广告能够加深顾客对品牌或产品的印象。将色彩进行合理搭配，准确运用商品图片都是广告吸引顾客的要素。

（2）商品广告内容要简单明了。能迅速抓住顾客注意力的广告是通过简洁明了的内容准确传递商品要点的。当然，在简单明了的基础上广告信息内容要能够满足消费者的需求点、利益点和支持点等购买要素。

（3）商品广告要有明确定位。一则吸引顾客眼球的广告，其画面应该具有稳定、统一的品牌个性，同时符合商品的品牌定位策略；即使在同一宣传主题下的不同广告版本，其表现和创作风格也应该保持一致和连贯性。

9.1.2　移动端支付，分享推广

从前，便利店在收银时至少要花费 1 ~ 2 分钟的时间，如果遇到收银台人手不够或者零钱不足，可能会更久；如果是用信用卡刷卡消费，过程大概也需要两三分钟。但如今使用移动支付，店员只需扫付款码就可以完成收银，无须等待、找零，使交易过程变得非常便捷。

正是因为手机移动端的快捷便利支付，移动端的第三方支付正赢得越来越多顾客的青睐。手机网民数量的高速增长，也对移动支付的发展起到了促进作用。

《中国移动互联网发展状况及其安全报告（2017）》显示，2016 年国内活跃的手机上网码号数量达 12.47 亿，智能手机联网终端达 23.3 亿部。总体来说，移动支付技术快速发展、智能设备普及、支付应用规模增长、O2O 支付渠道铺开（商家入驻）以及商家使用补贴刺激用户使用等，是推动移动支付发展的主要因素。

在支付宝推出扫码支付服务后，喜士多、7-11 等便利店也开始了支付宝的大力推广及使用，现在一些路边的小餐馆、水果店也能够使用支付宝扫码支付了。最近，微信支付也跟上了线下铺开节奏，和一系列超市、饭馆联合，现在就连在路边摊买个肉夹馍都能够使用微信支付。

如今可以支持支付宝、微信支付付款的超市、便利店门店数量接近 4 万家。

广泛的覆盖意味着，即使用户忘记带现金出门，也很容易就能找到支持支付宝的超市或者便利店，用手机付款购物。

> **小提示**：在顾客使用移动端支付时可以递给顾客一张小卡片，上面印有微信公众号二维码，顾客在关注后就可以直接转账付款，免去扫码，进一步提升了便利性。

9.1.3 社区活动营销推广

什么是社区推广？一般来说，就是在生活社区内进行的一系列策划、宣传、促销活动。可以有效地吸引社区人员目光，提升商品形象，促进人们购买商品的种种方法都可以算作社区活动推广的一种。如电梯广告、在楼道内派送传单、买就抽奖、买就送以及各种便民服务等。社区推广活动是针对社区居民目标消费群快速、有效的策划推广手段。

社区营销也要注意以下几点，如图 9-2 所示。

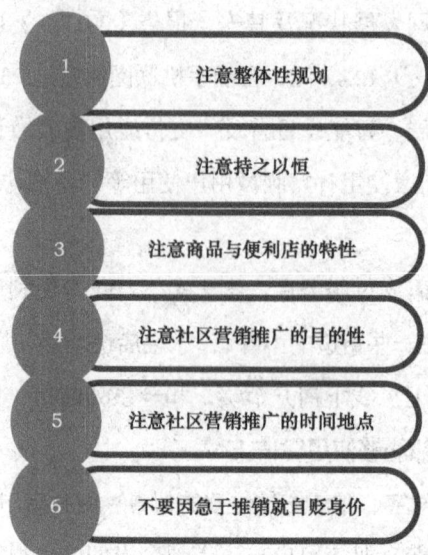

1	注意整体性规划
2	注意持之以恒
3	注意商品与便利店的特性
4	注意社区营销推广的目的性
5	注意社区营销推广的时间地点
6	不要因急于推销就自贬身价

图9-2　社区营销要注意的要点

1. 注意整体性规划

现阶段，我国的社区推广还不是很成熟，需要投入大量的人力、物力；但要是每次推广都是随便做做，随兴所至，效果也好不到哪儿去。如果我们在便利店季度计划中选出一项，将推广活动事先做好详细的整体性计划然后进行组织安排，那么所获得的回报自然更丰厚。

2. 注意持之以恒

许多便利店在进行社区营销推广时总奢望一步成功，而社区营销推广恰好需要长期不间断推广，才能逐渐看到效果。持久推广不仅对树立品牌形象、加深顾客认识有最基础的帮助作用，更可以稳定推广力度，让顾客随时随地找到你。这就是持之以恒的魅力。

3. 注意商品与便利店的特性

有些商品在社区营销推广时马上就能看到效果，但是有些商品在做完社区的营销推广后对产品在现场的直接销售没有多大的实际意义。比如一些价格低廉的快消商品，在进行销售推广时顾客很容易被现场的气氛带动，购买的可能性比较大；还有一些价格比较高的商品，如护肤品、日常生活用品在进行社区推广时购买的人比较少，更多的只是起到宣传和展示作用。

4．注意社区营销推广的目的性

为什么要组织社区营销推广？是为了某些商品的销售量还是只为了提高商品的知名度？还是两者都有呢？在明确了目的之后，我们才能制定出最完美的推广计划，从而做到资源的优化配置，达到效果最大化。

5．注意社区营销推广的时间地点

社区推广活动一般都会选择社区人比较多的时候，比如周末、节假日及晚上。至于推广地点的选择，一般都是以产品所覆盖的目标消费人群聚居地为主。

2016 年端午节期间，王某在推广自己的便利店时发现，粽子的购买人群以中老年人为主，于是王某在做社区推广时就把中老年人经常聚集晨练的公园作为推广地点，把时间安排在每天早上的 6:30～9:30 进行，并持续推广了半个月，取得了相当不错的效果。

6．不要因急于推销就自贬身价

许多商家在做社区推广的时候，为了提高销售额，经常利用资源优势故意低价销售，把一些好的产品随意就卖掉了。实际上，这样做的后果就是自贬品牌形象、自贬产品身价，也给了顾客一种地摊货的印象。

在做过推广之后，顾客来便利店购买该商品时如果发现没有赠品或者优惠之后，就会对便利店产生不信任感。因此，便利店在进行社区营销推广时一定要让顾客知道：便利店来这里是做宣传和为他们提供服务的，而不是清仓大甩卖！

9.1.4　品牌推广宣传

如今，越来越多的商家或便利店都在搞品牌推广，而且还有许多公司会专业承接品牌推广的业务。那么如何才能做好品牌的推广呢？

所谓品牌推广就是要让大众知道和了解你的公司或便利店。品牌推广一般有两个重要目标：一是树立良好的商家形象，提高品牌知名度；二是将相应品牌的产品销售出去。

品牌推广是品牌创建、品牌维护过程中的重要步骤，它包括了品牌的宣传和传播、品牌的日后追踪及后期运营等。可以说，即使品牌的创意再完美，如果没有强有力的营销推广，这个品牌也很难生存下去，而且品牌的营销推广很重视步调一致，在进行推广时各方面都要统一。

便利店品牌建设十分重要，更多的便利连锁店开始注重品牌塑造和品牌营销，还有许多便利店开始寻找一些品牌营销推广的机构或者公司进行合作，通过它们来包装自己的品牌。那么便利店的品牌包装步骤又是怎样的呢？下面是品牌建设的六大步骤，供便利店经营者参考。如图 9-3 所示。

1. 市场调查

品牌建设不是凭人空想就有的，而是建立在市场需求上的，有市场需求才会有品牌诞生。通常要建立品牌的第一步便是进行市场调查。顾客消费水平，消费潜力以及消费观念，这些都是市场调查的基本内容。在调查时对顾客要进行细致划分，做到不重复、无遗漏。

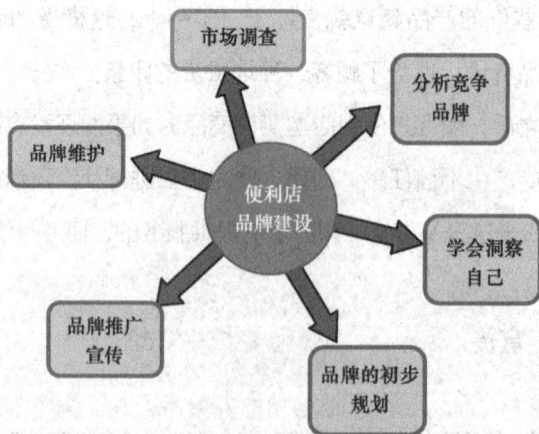

图 9-3　便利店品牌建设

2. 分析竞争品牌

知己知彼百战不殆。在创立品牌之前先要了解已有的品牌，分析它们的优势和弱势，优秀的地方要吸收学习，薄弱的地方加以研究改进。若是竞争对手过于强大，便不要硬碰硬，可以从其缺点寻找出路、另辟蹊径。这种策略适合一些自营或个人便利店。

3. 学会洞察自己

很多人都能够很自然地说出自己的各种优点，但是缺点呢？又能说出几个？品牌是便利店的核心价值，是一个便利店对外的形象点。所以，便利店要建立品牌就必须先了解自己：了解自身便利店对外的形象，了解自身便利店的规划，了解自身的产品特点及优缺点等。

4. 品牌的初步规划

品牌的初步规划包括顾客的定位、品牌的名称等。品牌命名要别具一格，要人人都懂且具有代表性。品牌所体现的主题要清晰，定位的消费人群要清楚。这便是品牌的初步规划。

5. 品牌推广宣传

品牌推广宣传是品牌建设最重要的一部分，之前那些准备都是为品牌推广宣传这一步做铺垫。品牌推广宣传大多有三种方法：第一种是用电视广告推广，这种方法是最有效的推广方法，但也是最为昂贵的；第二种是借助广告牌，这种方法只能局限在一个地方，但是具有较强的针对性；第三种是借用互联网进行网络推广，如在网络视频中插广告、软文推广等方式。

6. 品牌维护

品牌不仅要陆续进行推广，更要长久维护，当品牌形象受损时，企业要加以注意，如产品出现问题时需要谨慎面对。

9.2 门店推广

便利店开业之初或是经营了一段时间以后，通常会利用一些活动或者便利店 App 进行店铺的推广，从而让新顾客了解便利店，让老顾客不会忘记便利店。那么如何才能做好便利店的门店推广呢？

9.2.1 二维码线上引流

如今 O2O 便利店火爆异常，而二维码可以说是实现移动营销的重要载体。在如今的网络时代，二维码的广泛应用正在逐渐地改变人们的消费习惯，使得线上线下更加紧密地结合在一起。

借助二维码能利用原有的线下资源，让顾客通过扫描二维码获得信息，使得销售活动和广告不再是单方面的信息传递。

而且二维码自身可以完美地融入广告中去，不会显得突兀。广告上如果有吸引顾客的亮点可以让顾客进行扫码，会给顾客一种全新的用户体验，同时完成移动营销的目的。

利用二维码来指引消费者扫码进行手机购物，可以有效地体现广告的价值。一般的广告主做品牌宣传，而对新商品进行介绍和现场活动时，可以在原来的基础上借助二维码直接实现与用户互动，同时监测广告投放的效果，看看在不同渠道、不同载体的广告上，分别有多少人来扫码购买，从而让广告获得更多的精准回报。

9.2.2 门店服务体验

许多便利店客流量少，营业额上不去，就试图用促销的方式来拉动人气，但效果依然不尽如人意。为什么？因为没有重视服务体验。只有把顾客的服务体验做好了，便利店的人气才有可能上涨，即使没有促销活动。

便利店主打快捷便利，如果一个顾客在结账时排队等了 1 分钟，他会觉得像是过去了 10 分钟。等待的顾客往往会觉得时间过得很慢，而友好亲切的问候加上快速收银能够最大限度地减小顾客的心理压力。

一般情况下便利店的门店服务体验要注意以下三点。如图 9-4 所示。

图 9-4 便利店服务三要点

1．善待新顾客，厚待回头客

便利店的顾客有新顾客也有老顾客。招待好新顾客有利于拓展市场，维系好老顾客能稳定便利店的营业额。如何将新顾客转化为老顾客，又如何避免老顾客流失呢？

认真对待新顾客，让新顾客感到在这家便利店心情舒畅且购物便利，即可让新顾客转变为老顾客；对待老顾客需要更为用心地了解其特点、爱好和需求，利用便利店系统记录顾客信息，真心关心其感受，才能得到老顾客的认同，从而使老顾客不断光顾便利店。

2．便利店的口碑很重要

一个便利店的好口碑能够让顾客口口相传，坏的口碑会让顾客再无可能光顾。为了树立好口碑，可以增设一些便利措施，比如提供充电宝租赁服务、提供快递收发服务等，让顾客感觉到便利店是真的便利，从而给顾客留下愉悦的心情和极佳的印象，也就为培养老顾客打下基础。

3．礼貌尊重，亲切友好

顾客在购物时会潜意识地去熟悉的便利店，因此让顾客记住便利店、在购物时首先想到便利店非常重要。在为顾客提供服务时亲切友好的态度容易给顾客留下更深印象，让顾客在得到充分满足感的同时，也加深对便利店的印象。

9.2.3 Wi-Fi 定位服务门店

现在许多人出门在外都会用手机上的地图软件导航。如果便利店能出现在导航地图上岂不是无形中给自己做了宣传吗？那么如何才能让自己的便利店出现在导航地图上呢？以百度地图为例。

（1）打开计算机浏览器，搜索百度地图，然后在百度地图的画面上搜索你的便利店，如果没有显示，可以在百度地图界面的左边点击"添加该地点"。

（2）点击进入界面后会有两种添加方式，一种是个人添加，另一种是商户中心添加。商户中心添加要求上传营业执照、税务凭证等证件。

（3）按照资料提示，填写便利店名称、电话等基本资料，然后上传凭证就可以了。

完成之后，一般要经过两天审核，如果审核通过我们的便利店就会出现在地图上。

> **小提示：**有时候审核会失败，可能是由于便利店的电话刚好无人接听，百度工作人员无法核实到门店信息，也有可能是地址标注得不详细。

9.2.4 门店贴海报广告宣传

便利店内一般都会张贴一些宣传海报来宣传商品。一般来说，便利店在海报宣传上都是经过深思熟虑的，但是未必能够取得很好的效果。难道海报就真的只是流于一种形式了吗？

实际上，在店铺经营过程中，关于店内宣传海报方面的细节真需要精心研究。

店面宣传海报：一般用于渲染店内气氛，让顾客了解促销活动信息。这类海报必须配合店外装饰炒卖店内气氛、吸引路过顾客。如大甩卖通知海报、满额抽奖活动海报等，直接告诉顾客所经营的商品种类、特价商品的价格，如同催促顾客快来购买一样，在心理上给顾客造成比较容易进入、价格低廉、有利可图的感觉。

引导型海报：一般是指便利店的导购海报，相当于一个向导。商品选购海报一般放置在分区间，最常用的手法就是一些大型超实用的垂直广告牌，便于顾客以最快的速度找到自己想要的商品。天花板是顾客在店里最经常看的地方，顾客会利用天花板上悬挂的垂直指示牌确定行进方向，如遇大型活动也可利用垂挂指示牌张贴室内促销海报。

不要小看了店面里海报的张贴，这对便利店营业的收入是至关重要的。店铺内的海报对顾客有着明显的指示作用，有助于便利店创造出更具好的业绩。

9.2.5　门店加盟复制

很多店主在加盟便利店之后都会产生一个想法，只要把总部的成功经验复制下来就能让自己的店也同样生意兴隆、财源广进，其实不然。对于加盟者来说，如果过度依赖加盟总部，缺乏自主能动性，对便利店的发展十分不利。

成功案例的复制≠成功。

创业对很多人来说都是一个难题。以较少的投资加盟便利店，对很多有志于从事便利店行业的人来说，好像是取得成功的捷径。复制他人的成功案例，轻松地获取成功，真有这么容易吗？

便利店加盟之所以那么流行，一方面是因为便利店快捷、便利的特色，它完全适应当前快节奏的都市生活，并能按照经营者的创业思路进行改变；另一方面是因为便利店对技术的依赖性降到了最低，并且可以通过完全量化来确定整个生产体系的建立，而这也为加盟复制创造了良好的条件。

小提示：很多加盟便利店通过对成功案例的不断复制，让这个品牌迅速地在各地铺开，而对各地的经营者来说，似乎离成功也不远了，因为他们都认为"别的加盟店都干得不错，我应该也可以的"，但是事实上却不一定。在挑选便利店加盟品牌时一定要慎重，尤其是那种全盘复制的品牌更是绝对要不得。

9.3 线上推广

线上推广就是利用网络媒体进行宣传，让大众在网上了解和熟悉你，就是俗称的"打广告"。与线下推广相比，线上推广有许多优势。

线上推广很大一部分都是免费或者只需要一点手续费，与线下推广相比有着绝对的成本优势，而且线上推广没有地方限制，推广的对象一般也很精准，还可以节约大量的时间。线上推广这种方式很适合中小企业及个人推广自己的便利店，因此对那些小资本的便利店投资者就显得尤为重要。

9.3.1 网络媒体软文宣传

网络软文是指以互联网作为主要的传播途径，一般以文字为载体的一种宣传方式。因为成本低廉，很多中小企业和便利店都会使用网络软文的形式来进行企业或店面形象宣传、产品市场推广与销售和品牌建设等。

网络软文作为线上推广的一种重要方式有哪些特点呢？如图9-5所示。

1. 网络软文覆盖范围广

在互联网时代，互联网用户的数量在与日俱增，人们获取信息的方式变得越来越多。一条信息只要发送在网络上，访问该网站的人都有可能看到。事实上，网络软文的覆盖范围与其他媒体相比确实大了很多。首先，它不受地域的限制，不管访问者在哪里，只要能上网就都能够访问它的站点。其次，它具有留存性，比起电视一闪而逝的画面和广播的声音，它的信息是能够进行长期保存的。此外，由于不受访问时间的限制，受众群体要比其他媒介广。

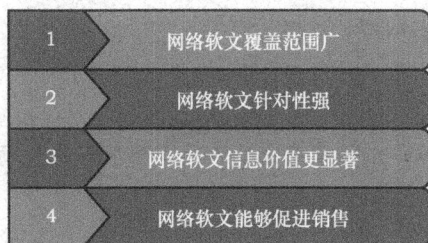

图 9-5　网络软文传播的特点

2. 网络软文针对性强

网络软文主要是以网络为载体，通过在网络上发布软文，实现营销目标。网络用户群体庞大，用户浏览网页或者使用百度、谷歌等搜索引擎服务，目的就是获取对自己有价值的信息，而网络软文可以通过设置文章标题和关键词或者网站类型来获取关注。从另一方面来说，网络软文所面向的用户会更有针对性，比如一些养生的网站会时不时地发布一些养生软文。

3. 网络软文信息价值更显著

网络软文广告的最明显效果主要表现在广告网页的大众点击量上，如何在茫茫网页中吸引用户关注和点击成为网络软文发布的关键。一般来说，作者会通过最近的热点新闻、特立独行的标题、奇闻趣事等方式来吸引用户的注意，许多人称之为"新、特、奇"三大特点。网络软文的这些特点使得它在商品的品牌推广和营销上更有优势，可以不露声色地树立品牌形象，提升品牌价值，进一步推动用户对品牌的信任。这样一来，就不难理解为什么会有那么多品牌利用网络软文进行营销推广了。

4. 网络软文能够促进销售

网络软文在营销方面也相当重要，许多顾客会被各种类型的网络软文吸引并点击，从而获取到产品信息，然后影响到消费者的购买行为。特别是网络软文与各种活动一起发布，或者说在软文中推送营销活动，这样的营销推广效果更为显著。而且，网络软文对便利店商品销售的影响不仅表现在便利店线上，往往也能对线下销售起到举足轻重的效果。

> **小提示**：软文推广应适可而止，不然反而很容易让顾客产生逆反心理，失去顾客的信任。

9.3.2　自有 App 推广

当前，国内各大电商纷纷推出自己的 App 客户端，便利店 App 也应运而生。那么便利店 App 在线上推广中有何优势呢？

（1）便利店 App 比起一些大众传媒，比如电视、报纸、广告等所需的费用都低。因此，便利店所需投入的成本较少。

（2）便利店 App 都是顾客通过各种途径主动下载的，安装便利店 App 至少说明顾客对这家便利店有兴趣。同时，便利店 App 还可以在手机主人的允许下通过收集顾客的购买习惯、位置信息、顾客的行为等，来识别用户的兴趣、习惯，然后再推送便利店的针对推广信息，以达到精准推送的效果。

（3）智能手机有着很好的使用体验，手机上的图片、文字、各种小视频应有尽有，给用户提供了良好的互动体验。而且，便利店 App 还打开了人与人的互动通道，通过在内部嵌入交流互动平台，使正在使用同一个便利店 App 的用户可以相互交流心得，提升用户对便利店的忠诚度。

（4）现在许多消费者都希望足不出户就能购物。社区便利店 App 就可以满足顾客这一愿望，让顾客真正享受到现代互联网技术发展带来的便利。

一直存在的宣传也是社区便利店 App 的一大优势。现在许多人生活中都离不开手机。而社区便利店 App 只要不是用户主动删除，它就能一直留在手机里，便利店就有了不断宣传，让用户不断加深印象的机会。

自有 App 的好处有那么多，那么如何才能使顾客安装便利店自有 App 呢？

1．应用商店或者应用推荐网站推广

这种推广方式主要依靠各种开发商的平台，比如软件开发商、网络运营商等进行推广安装。但是所需的费用也比较高。

2．线下预装进行推广

也就是让你的 App 产品成为手机出厂自带的 App 之一。主要是向手机运营商和手机厂商付费。虽然花费很高，但却是很管用的方式。

3．免费发放 App

对 App 产品进行限时免费促销也是一种重要的手段，向 App 开发商提供无广告植入的要求。然后将 App 无条件地提供给网站，最后通过在线广告收回成本。

4．互联网开放平台推广

互联网开放平台会提供海量的用户，在苹果 iOS 开放平台、谷歌开放平台、百度开放平台等平台上推广 App 会为用户增加不同的体验，提高用户的认同感。

9.3.3　网盟宣传

网盟又被称为广告联盟。网盟就是利用大量的网站组成联盟帮助广告商在网站上投放广告。网盟是网站盈利的重要方式，对广告主而言，网盟推广实际上是各种搜索的衍生。我们在搜索商品时一般都只是用搜索平台，而当我们在网盟上进行推广时，借用的则是大量的互联网网站。总体而言，网盟推广虽然没有搜索引擎推广那么精确，但是它却覆盖了更多的潜在客户。

目前，国内最大的两家广告联盟是百度网盟和谷歌网盟，此外还有搜狗网盟、磐石网盟、网易网盟等。由于其他网盟跟这两家根本不是一个量级的，因此对大部分行业比如便利店来说，在刚开始使用网盟推广时，选择百度或谷歌网盟即可，而且二者的推广管理非常类似。下面，就以谷歌网盟为例进行介绍。

1. 网盟物料内容

物料就是我们要进行投放的广告资源，比如目前谷歌网盟支持的内容格式有文字以及小于 200KB 的普通图片和 Flash。网盟广告里的物料相当于搜索推广里的标题和描述，是影响物料点击率的重要因素。对于便利来说物料包括了便利店的主题、招牌等，其物料规格根据联盟网站的推广位有许多方案。网盟推广大多数都是用图片来呈现，因此物料中广告文案的吸引力以及整体的美观度都会影响点击率。

2. 主要定向方式

谷歌网盟提供了多种定向方式。所谓定向，就是通过数据分析，锁定广告投放的目标人群。比如，在选择站点时一般有两种方法，网络定向选择法、关键词定向选择法和人群选择法。网络定向选择法是通过人工筛选网页，关键词定向选择法则是通过关键词将便利店定位，然后往定向的网站投放广告。人群选择法包括搜索词定向、到访定向、点击定向以及兴趣定向等方式，其中搜索词定向是最为重要也是最为常用的。

3. 实施定向管理

一份调查报告显示，目前谷歌网盟已集成 30 万家优质网站，覆盖中国 70% 的网民，数量确实庞大，但对许多商家来说其中的猫腻也不少。为此，投放广告的对象一定要进行仔细筛选。网盟定向管理其实就是告诉商家应当如何选择站点进行广告投放，应该把广告给什么样的人看才会有收益。网盟定向管理是网盟操作的核心要义，决定了网盟推广的成败。

4. 基本操作概述

和搜索推广一样，网盟推广的操作也是一个长期动态升级的过程。谷歌提供了一个操作非常便捷的客户端，该客户端将网盟客户端和搜索客户端联合在一块，同时，其批量删除、增加等功能也非常便利。虽然网盟推广要比搜索来得慢，但网盟推广的量却是搜索无法比拟的，而且网盟推广的形式丰富多样，对于提升便利店的知名度非常重要，其效果也是非常显著的。因此，如果条件允许，使用网盟推广是一种可行的手段。

9.3.4 线上活动推广

线上活动就是指网络上的促销活动，比如淘宝的"双 11"，京东的"6·18"等。

2016 年，京东"6·18"的线上活动就充分利用了京东手机 App。比如，在 2016 年 5 月 23 日到 25 日期间，京东手机 App 上整点会出现群红包疯抢活动，顾客可以获得无线专享全品类优惠券。在 25 日到 31 日期间，京东微信和手机 QQ 购物会有和网友的线上互动活动，有电器礼品和总价值超过 2 亿元的优惠券发放。而且，在 6 月 1 日到 17 日期间，京东金融会在每天晚上 6 点发放京东现金红包雨。

上面的案例说明，可以用手机便利店 App 的方式来进行线上活动推广。一般是利用 App 上的每日促销对商品打折来进行推广。比如，顾客在 App 上购买了 20 元的商品，App 支付会随机优惠 2 ~ 5 元，这样就会让顾客觉得在这家便利店的 App 上购物比其他店便宜，从而就成就了回头客，促使顾客再用该 App 进行购物。

便利店也可以利用微信平台进行推广，比如注册一个微信公众号，每天发放限时促销的广告或是顾客感兴趣的商品信息，促进便利店的推广效果和销量。

小提示：线上活动推广因投入成本小，效果明显，因此受到许多小型便利店经营者的追捧。

9.3.5 优惠券发放领用线下体验

2016 年 9 月，天津河西区的胡先生在便利店 App 上领取了便利店赠送的电子抵扣券，随即到便利店选购了两罐饮料、一盒饼干，共消费 15.8 元。在结账时，胡先生通过手机扫码使用了一张 9 元的电子抵扣券，实际支付 6.8 元。实在太划算了。

这是天津河西区某便利店举办的"下载便利店 App 就送随机抵扣券"优惠大酬宾活动。首次下载注册该便利店 App 的顾客就能在 App 上领取一张随机金额的抵扣券，抵扣券没有消费要求限制，能在任何情况下使用。

抵扣券可充当现金购物款，消费者也能够从抵扣券中获得实惠。有人会问，既然都是减钱，为什么不直接降价，这样可以省去使用抵扣券的中间环节。主要原因有以下两个方面，如图 9-6 所示。

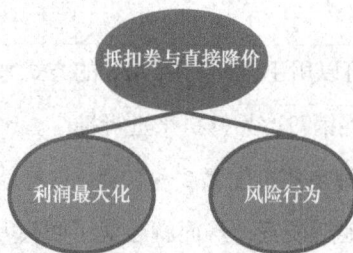

图 9-6　使用优惠券的原因

一方面，抵扣券、现金券等优惠券的促销活动就是运用了差异化定价策略对顾客进行区分，商家以此为界限实现利润最大化。

不考虑其他因素的话，我们将消费者单纯分为"穷人"和"富人"，即愿意付出时间和精力搜索获取优惠信息的"穷人"和不在意优惠券而直接付款的"富人"。

这里的穷和富并不是指经济能力的强弱，而是指消费者面对同一件商品或同类产品时，支付意愿的高低。对商家来说，当然是消费者消费得越多越好，而抵扣券、现金券等优惠券的存在实现了消费者剩余的最小化和便利店利润的最大化，也就是更多可能的消费者愿意支付最高价格为商品买单。只有这样，商家才能够获得更多财富。

例如，甲想用 5 元买一瓶饮料，但实际用券价格为 4 元，当完成购买以后，甲手中还剩余 1 元，所以，消费者剩余为 1 元。就像前面提到的胡先生使用了抵扣券以后，本来应该是 15.8 元实际只支付了 6.8 元，这省下来的 9 元就是消费者剩余。而对胡先生来说，这 9 元就相当于额外获得的一样。所以，这就是商家会频繁使用抵扣券，而不是单纯降价搞促销活动的主要原因。

另一方面，直接降价是有风险的促销行为，主要原因有以下三点。

首先，降价活动虽然在短期内可以拉动销量增长，但从长期来看不利于品牌意识的强化。比如，一件 499 元的大衣，在一个季度内频繁降价，最低时甚至降到了 169 元。消费者会认为原价 499 元，商家肯降到 169 元，说明这件衣服的原价过于虚高。一旦恢复原价或涨价，其负面影响会比较大。

其次，虽然降价可以快速提高市场占有率，但市场波动是没有指定性和稳定性的，所以，单纯降价不会增强商家的抗风险能力，反而当市场有不利因素时，往往降价产品的损失最大。

最后，一件产品，特别是成熟产品，其价格都有固定性或稳定性。比如，一瓶普通矿泉水价格一般在 1 元到 5 元，如果有商家降到 0.5 元甚至更低，势必会导致同行业内其他商家的不满甚至反击。而且事实也证明，消费者不一定会为单纯打价格战的产品埋单，与价格相比，消费者还是更注重品牌和品质以及服务质量。

9.4 自媒体推广

自媒体也叫公民媒体或个人媒体。所谓自媒体营销其实就是采用自媒体平台进行品牌营销。自媒体虽然脱胎于传统的一般媒体，但是仍然摆脱不了和人之间的关系，也脱离不了社会。有人的地方自然形成了社会，社会也离不开炒作和品牌营销。便利店在考虑自媒体推广之前，先要考虑要建立什么样的自媒体，将便利店打造成什么样的品牌。把握住机会才能使便利店的自媒体推广越做越好。

在如今的互联网时代，每个人都可以成为媒体，每个人都可以在网上发言宣传自己（便利店），信息发布者与接收者的沟通更为直接，信息的推送也更为精准。目前，主流的自媒体平台大致可分为三种：微博、微信和博客。

9.4.1 公众号、服务号宣传

一份调查报告显示，目前微信公众平台已拥有 700 多万公众号，越来越多的企业、商家和个人希望通过微信公众平台来为自己谋福利，不只是大型连锁企业，就连小小的便利店行业都已经在进行微信营销，有的便利店粉丝已经达到上千上万甚至更多。他们是如何做到的呢？

1. 利用微信公众号

（1）吸引粉丝。利用微信"附近的人"功能查找附近的潜在顾客，然后推送便利店的各种信息来确定周围的潜在顾客（发布便利店的地址和优惠信息来吸引消费者进店购物）。

（2）宣传。利用微信公众号的营销平台发布商品优惠信息，宣传便利店微信公众平台，来达到增加便利店营业额的目的。

2. 如何进行微信公众号的操作

（1）设置微信头像与个性签名。微信公众号的头像一般都是用便利店的Logo，里面的个性签名可设置成便利店最新的促销活动信息，一定注意简洁明了突出重点。如图 9-7 所示。

（2）因为便利店的营业对象一般是社区或周边商圈的顾客，所以要打开"附近的人"功能，同时编辑好要发送的内容。信息内容要体现重点，打招呼时也要简单明了、突出亮点。

（3）经常与顾客进行沟通。一定要及时答复顾客的提问，以吸引更多顾客到店消费。销量不重要，只要发送给顾客需要的信息和便利店最新的优惠活动就足够了。

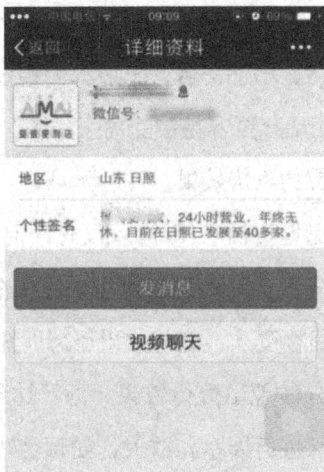

图 9-7 便利店微信公众号

（4）短时间内多搜索几次，能用语音回复就尽量用语音回复，速度快且显得有人情味。回复工作要有专人负责，建议选择一位普通话标准、声音柔美的女性店员来负责。

（5）做好记录，避免重复发送，烦扰顾客。

（6）总结跟踪。活动结束后要对效果进行评估、总结，以便改进下次活动；建立微信顾客档案，及时推送商品信息及促销活动，从而培养更多的便利店老客户。

9.4.2　H5 游戏互动

作为一种快速的互联网游戏，H5 游戏受到许多人的追捧。H5 是一系列制作网页互动效果的技术合集，即 H5 就是移动端的 Web 页面。而 H5 游戏则可以看作是移动端的 Web 游戏，无须下载软件即可体验，这就是 H5 在传播上的优势。

商家可以通过 H5 游戏推广自己的品牌或商品。那么，H5 游戏能给商家带来怎样的宣传效果呢?

（1）H5游戏给商家推广的品牌有很高的附加价值。现在很多商家想要曝光自己的品牌，提高知名度，增加销量，一般都会通过H5游戏去实现。一个出色、有创意的H5游戏能使玩家更容易接受商家品牌，广告植入也会创造更有价值的品牌效应从而达到理想的宣传效果。

（2）H5游戏能随时随地传播。H5游戏没有任何地域性限制，只要技术上达到要求，便利店商家的各种活动信息都可以快速传播。H5游戏还可以将便利店活动信息准确地扩散给目标受众，宣传效果可想而知。

（3）H5游戏能够充分体现出宣传效果。为了达到最理想的宣传效果，H5游戏可以把商品的一些特点进行展示和放大，使顾客在畅玩H5游戏时也能迅速了解商品的特点。通过H5游戏，玩家能很容易就感受到便利店的诚意、优惠以及产品信息，宣传效果得到大大提升。

（4）H5游戏很容易被推广。一个有创意、有趣味的H5游戏通常会吸引很多玩家进行分享，让更多用户体验。与传统的文章相比，H5游戏的传播难度会小很多，传播途径也更为广泛，能让顾客更容易地了解和接受商品。这对于微信公众号细分也是一个不错的选择。

在现在的网络营销中，H5游戏营销已经很普及了，而且宣传效果有目共睹。在未来的网络营销宣传中，H5也将承担更重要的角色，其宣传效果不容忽视。

案例

澳贝婴幼玩具——小鸡砸金蛋

这款界面有趣、互动简单的"砸金蛋"游戏，如图9-8所示，就是把品牌传播回归基本，直接把产品软性植入其中，从而赢得更多的曝光点。用户进入活动页面后，点击金蛋抽奖，一旦中奖就可以领取现金券，继而跳转至微店购买使用。而未中奖的用户，则可以按照指引分享到朋友圈或分享给好友，还可以再获得一次抽奖机会。通过趣味的游戏互动，以产品为利益驱动，使用户有了趣味体验的同时还能获得奖品利益。对企业来说，既达到了品牌宣传的效果，又达到了粉丝引流的效果，对一个全新上线的小型企业微信号来说，未尝不是一种可借鉴的有效方式。

图 9-8 小鸡砸金蛋

9.4.3 朋友圈分享推广

现在社会科技日益发展，几乎每个人都有一个微信号，微信早已成为人们日常生活的一部分。能利用好微信朋友圈进行推广发展，是十分重要的。

"不好意思，您订的商品暂时还没到，请稍等一会儿可以吗？"王某每天醒来第一件事就是在微信上更新自己便利店的商品信息。王某说："每天就是重复地在微信上刷新和发布便利店的商品信息，这样下来我便利店每天的营业额能至少再涨 4000 元。"

其实王某在 2016 年 9 月就开了一家社区便利店，不过最初生意一般。一次无意间，他发现微信朋友圈有朋友在发布一些商品信息，跟网上便利店一样在卖产品。

"当时很好奇，就开始咨询这位朋友，然后注意到网络便利店在销售产品的同时，都会问顾客微信号，进行微信营销。"王某说，自己就效仿这类店主，慢慢摸索着在微信上推广产品，后来发现效果还不错。

王某说，由于他在开便利店时附近已经有好几家竞争者了，他店里的生意也是不温不火。不过，自从加入微信推广后，线上商品的成交额已经快达到线下便利店的营业额了。

9.4.4　社群论坛与口碑推广

国外的一项研究结果显示，大约有 90% 的人每天都会看自己的手机 20 次以上，30% 的人出门不带手机就会感到手足无措，30% 的人起床后第一件事就是看手机。在这样的市场背景下，线上营销也就变得异常容易，开个微博、弄个微信公众号，营销就可以轻松展开。但是，如何在社交媒体时代成功吸引并留住粉丝，同时将其转化成消费力就显得尤其重要。

1. 社群论坛推广

如今，99% 的中国网民正在使用社交媒体，线上社交的依赖性已经逐渐形成。而在购买决策上，口碑依然是影响顾客购买的最主要因素。

很多顾客最常见的购物路径是看了评论之后想购买商品，然后去商店看看觉得还可以，确认购买，再推荐给其他人购买。

因此，商品营销的第一步就是要积累一定的最初客户量。具体来说，可以通过微信线上平台的精准投放、线下发送二维码海报、利用微博大 V 发广告等付费手段筛选核心用户群。

2. 口碑推广

微信粉丝能否给便利店带来更大的利益，这才是要关注的要点。而维持粉丝的活性、加强粉丝黏性就需要用集群的社交思维来运行。可以以微信公众号为主平台，围绕人群和品牌生产优质的内容，从而激活社群的潜力。

口碑可以通过各平台进行互相转化，而且便利店的口碑可以在更多的社会群体中进行传播。

线上和线下推广成本并没有准确对比数据，但可以举个例子：某奶粉在中国市场没有投过一分钱的广告，但仅在天猫上每年的销售额就达 40 亿元，依靠的就是口碑。

9.4.5　微信红包、积分活动推广

现在手机支付日益流行，许多人出门已很少会带现金，几乎所有支付都可以通过手机上的微信支付或支付宝等第三方平台完成。因此，利用便利店 App 就可以轻松实现线上购买支付活动。

流量逻辑是互联网的基础思维，比如，QQ 和微信主要是腾讯的流量来源，淘宝、天猫是阿里的流量来源等。那么我们是否能把便利店变成流量入口，把便利店人流吸引到线上呢？

比如，我们可以在便利店张贴广告：利用微信支付或便利店 App 付款即可享受减免优惠，还可以获取积分，积分可用于兑换小礼品。这样就能激起顾客使用线上方式进行消费的欲望。

积分和活动是便利店线上和电商产品最常见的吸粉、把粉丝转化成顾客的方式。然而很多便利店在进行 App 运营时并不是很重视积分和活动运营，总想着如何提高营业额。

什么是积分？积分就是顾客在购买商品或参与某种活动后从商家获得的一种奖励，比如每消费 1 元获得 1 分。顾客可以用积分兑换商品或现金抵用券，其通常被用来作为激励顾客并形成一种固化行为的营销方式。

我们在运营便利店 App 时要注意积分的以下几点作用和效果。

1．积分能给顾客带来的价值

顾客在安装便利店 App 之后，是什么促使他们打开 App 呢？比如淘宝，许多人每天上淘宝就是为了去领取淘金币。虽然不多，但日积月累，积分也可以

成为顾客网购的动力。

2．积分规则的制定

比如顾客在使用 App 进行签到时第一天能得到 5 积分，第二天能得到 10 积分，第三天能得到 15 积分，以此类推。或者是顾客将 App 上的二维码分享给别的用户就可以获得一定的积分。

3．积分的使用

对于顾客来讲，积分不仅仅只是拿来而已，要用出去才有意义。因此，便利店 App 在设置积分的同时也要考虑到如何让顾客去使用积分。

比如积分可以抵现、换取实物奖品、抽奖等。

> **小提示**：虽然积分推广只是便利店 App 的一个小功能，但也不可轻视积分所带来的收益。

9.4.6　会员管理精准推送活动推广

在天津和平区的一个社区附近，有一间 50 平方米的屋子，里面有几个货架，上面摆放着各种烟酒零食和生鲜水果，来往的顾客络绎不绝。

这是陈某新开的一家便利店。最初每天到店里的顾客没有这么多。陈某在微信上注册了一个公众号，利用微信上的"附近的人"功能，经常向他们发送日用商品的打折促销活动信息。这种精准的推送活动，让陈某便利店的顾客越来越多。

然后他又建立了会员制度，利用系统准确地记录了每个会员在便利店内经常购买的商品，并利用微信向他们发送为每个人"量身定做"的商品打折信息。就这样，陈某的便利店虽然不大但每天营业额却不少。

所有便利店的经营者都知道，回头客很重要。那么如何让新顾客成为第二次、第三次来便利店购物的顾客群体呢？除了商品本身的价值以外，优质的服务也必不可少。便利店良好的服务可以使用微信渠道打造的会员业务进一步实现：利用微信会员卡沉淀客户，形成自己的 CRM 系统；通过会员营销，为会员提供打折和积分兑换、赠送等优惠条件，从而有效吸引顾客进行二次购买，形成品牌忠诚度。

那么，如何做到对顾客的精准推送呢？

那就是"合适的时间 + 合适的内容 + 合适的人"。

合适的时间，就是在不打扰顾客正常作息的情况下进行消息推送。便利店消息推送一般最好是在下班时间，而且一天一次就足够了。

合适的内容（信息），是指活动的推送可以针对某些顾客进行个性化推送，不要千篇一律，让每个顾客收到的信息都是范本一样的文字。即使是同一条消息，针对不同年龄、不同层次的顾客，也要用不同的信息表达方式推送。比如，对于一些年轻白领或者学生可以用轻松幽默的语气来拉近距离感，对于一些中年或老年顾客可以用比较严谨的语气进行推送。

合适的人（顾客），就是对便利店商品感兴趣的人，同时根据特点进行细分。然后，便利店针对不同类别的人进行个性化的消息推送，比如，女性可适当推荐养颜美容饮品等，男性则推荐茶叶酒水等促销信息。

9.5 全家：整合营销，营造家的氛围

全家（FamilyMart）最早在日本成立，现已成为亚洲最大的国际连锁便利店之一，在全球的总店数超过 12000 家。2004 年全家 FamilyMart 正式进入中国市场，开始在中国开展连锁便利店经营业务。

"2017 年全家希望在 1000 万普通会员里产生 150 万的尊享会员！"在由中国连锁经营协会（CCFA）主办的"2017 中国便利店大会"上，中国全家 FamilyMart 总经理朱宏涛如此宣布。

在进入中国之初，全家就已经确定了营销传播的目标：全家便利店的主要

消费者定位在 30 岁以下的年轻白领和学生。

如今，全家有 30% 的消费者都是 90 后，再加上 80 后的消费者则占到了 90%。因此，可以说当初全家的营销目标已经达到了。

那么，作为便利店营销传播的典范，全家有什么值得我们学习的地方呢？

首先是优质的营业环境。以"全家就是你家"的概念，全家在外环与内环齐头并进地开店，开发出厂区型概念的新形态店铺风格，并始终坚持商圈第一的质量，展现优质的店铺拓展能力。

全家便利店在 2005 年进驻上海厂区、医院地区、学校等特殊的封闭商圈。鉴于地铁生活趋势及各区距离缩短，全家便利店导入地铁型概念店，将店铺设于交通干线上，为顾客提供便利的购物环境、商品组合等，开发新颖的店铺风格。

走近全家便利店给人的第一印象就是简洁明亮，它的店铺设计重点在于增加了店内外的互动性，强化了空间的质感与距离感，全方位拉近与消费者的距离，架构"全家就是你家"的温馨感受。

全家还有优秀的配送服务和一流的仓库管理。为了保证有效率地供应商品，全家超市随时掌握市场动态，与供货商保持密切联系。速食商品都是由恒温物流进行配送，从而达到商品保持最佳新鲜度的需求。

在全家买东西还可以送积点，积满可以兑换礼品，这在其他便利店是不存在的。全家还会时不时推出买两件打七折的优惠活动，而且每到节假日，全家都会推出新产品。

无论是从商品、广告、环境等方面，全家都围绕"服务第一"的宗旨，营造"全家就是你家"的氛围进行营销传播，这正是全家便利店成功的关键。

第 10 章

火爆生意，促销活动少不了

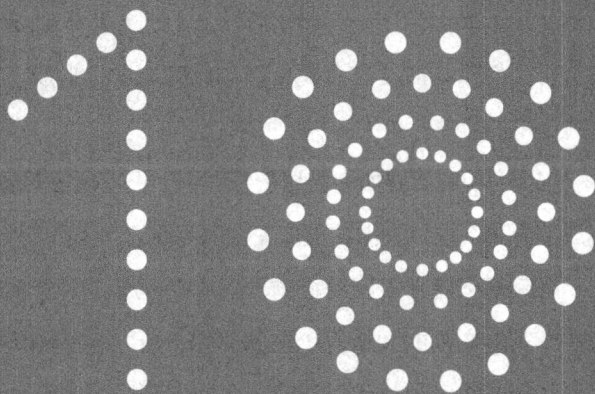

10

在市场环境竞争激烈的今天，各大连锁便利店和自营便利店为了增加店铺的营业额、占领更多的客流量，以及增加消费者对自己便利店的忠诚度，都会不时地搞各种各样的促销活动以吸引更多的消费者。然而，由于促销活动遍地开花，消费者已经把注意力从价格逐渐转移到商品的价值上面去了。

一般来说，便利店也就 50 平方米左右，来往的顾客也很有限，单单一种促销活动很难像大超市一样吸引顾客的目光，影响到的消费者也很有限。便利店在进行促销活动时要充分利用核心顾客原则，形成规模效应，提升便利店在消费者心中的形象，扩大店铺的知名度。

因此，便利店要如何使用价格促销，提高顾客对便利店的感知并促进消费，就成了便利店经营者需要重点关注的问题。

全家便利店在中国进行的一项调查显示，消费者在进店后的购买行为主要取决于其对商品的质量及价值的感知，所以，站在消费者的感知角度来对便利店内的商品进行定价和促销是十分有必要的。本章介绍便利店应该采取哪些措施刺激消费者的购买欲望。

10.1 定价式促销

价格促销在商家进行的促销活动中是最快速有效、最能刺激顾客进店购买的促销方式之一，也最易于实施执行。这是商家采取直接让利的方式给消费者实实在在的优惠，因而颇受消费者的青睐。特别是在一些二三线城市，价格促销显得尤为有效，也是商家最经常用的促销手段。本节介绍常用的定价式促销有哪些。

10.1.1 定价目标：促进销售，获取利润

商家在定价前就要计算好商品的售价，毕竟不能赔本赚吆喝。所以，要确定以下四项信息，如图 10-1 所示。

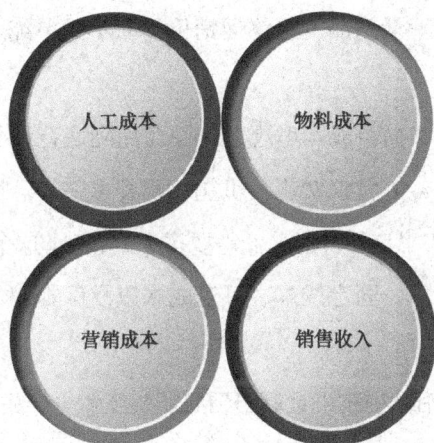

图 10-1 促销定价前的考虑事项

1．人工成本

包括雇用店员的费用、产品本身的进货费用等因商品产生的直接费用。也包括搞活动聘请专业人员产生的费用等。

2．物料成本

促销活动前，主办方工作人员根据活动安排购买所需物料，如广告拉花、

宣传展板产生的费用。这些是和促销活动相关的费用，也要算作成本。

3. 营销成本

包括广告营销费用、创业成本、房屋租金、管理人员以及营销人员等员工薪水、应缴纳税款以及其他日常开支等。也包括因市场情况波动所造成的开支。

4. 销售收入

定期的销售量所带来的收入，比如，一季度或半年、一年的收入。具体情况可根据实际计算。

将这些因素进行全面考虑后，再制定详细的盈利计划。当然这些成本只能估算出产品的最低售价，这个价格多半不是最合适的售价，所以还要根据消费者愿意出的价格综合考量商品的最终促销价，而不是单纯地靠成本支出来制定促销策略。

单纯从人工成本和物料成本考虑，一件商品到底花费了多少成本比较好计算，但是如果加入广告等营销费用，可能就不容易估算。所以，成本只能告诉我们定价的底线，即售出这件产品最低需要多少钱，低于这个价格商家就要亏本。综合以上信息可以看出，固定成本、可变成本以及保本销售量，是商家要把握的三个重要指标。

商家很难在促销活动前精确计算出到底能卖出多少产品，所以，多数情况下，都是预先估计销售量情况，并分摊到每一件产品中，确定最终促销价。

10.1.2 统一定价促销：厂家直销，全场批发价

要想在激烈的便利店竞争中求得生存和发展，就要想办法提升营业额、增加客流量。所以经常有便利店针对自己商圈周围的一些节俭消费者的求廉心理，推出统一定价促销。这种统一定价促销的好处在于降低了产品单品利润但销量提升了，相当于薄利多销，通过划定统一的价格来吸引消费者，达到扩大销售的目的。

2017 年 4 月 8 日到 9 日，天津南开的一家便利店举办周年庆活动，活动期间生活用品、饮料副食等热销品类全部采用厂家直销模式，消费者购买一件也是批发价。另外，在 5 月 20 日之前关注便利店微信公众号的市民，均可到该便利店免费领取一个价值 15 元的精美小礼品。

由于周年庆时刚好是双休日，再加上店面本身就开在社区里，很多居民都想买些日用品和饮料副食，自然吸引了不少顾客前来选购。小小的便利店顾客络绎不绝，咨询台电话铃声不断，销售业绩当然也是一路攀升。便利店的一位营业员说："没想到这次促销活动如此火爆，幸好之前准备充分，货源充足，品类齐全。"

有位顾客表示，自己当时只是为了领取免费小礼品才来便利店的，但进入店铺以后，看到许多日用品都在搞促销活动，就忍不住多看了看，最后，自己也买了一些本来没想买的常用生活用品。

厂家直销，能够让消费者以最优惠的价格购买产品，也是商家的一种促销方式。这种统一价格促销的好处是以公开价格吸引消费者，将"一件也批发"的优惠条件让给消费者。简单来说，厂家直销就是不经过层层的中间商的渠道销售，而是以"生产厂家→直销商→消费者"的方式完成交易过程，直接将商品交到消费者手中的营销模式。而在非直销模式下，一瓶饮料、一盒纸巾、一瓶洗洁精等，从出厂到消费者手中要经过总代理商和旗下的小代理商、分销商等，这样下来直接增加了产品成本，最终销售价当然会高出很多。所以，现在生产厂家会根据产品特性尽量采取扁平化的销售渠道，而厂家直销就是最直接的一种方式。

直销的优势当然不只是降低成本。从商家角度来讲，直销模式有以下三个优势，如图 10-2 所示。

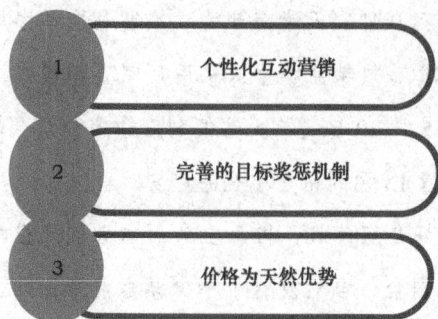

图 10-2　直销模式的三大优势

1．个性化互动营销

直销模式是个性化的互动营销模式，是营销工作者和购买者之间在有效沟通的基础上，完成购买交易行为，其沟通方式有多样化的特点，如电话沟通，寄送邮件、信函、平面印刷宣传材料，包括宣传册、杂志等。在信息反馈方面，鼓励消费者拨打免费电话，返回回执、订购单等。这样可以方便商家根据反馈信息做出销售决策。

同时，在与消费者互动的过程中，与顾客建立并保持长期稳定的友好关系，从而带动更多的交易，最大限度刺激消费，形成双赢的局面。

2．完善的目标奖惩机制

对商家来说，参与直销的工作人员要有饱满的工作热情，与顾客沟通建立信任，以完成工作目标。直销的特点也方便经营者制定完善的目标奖惩机制，在晋升通道方面，直销以完备的升级制度为从业者指明了奋斗方向。同时，在工作时间和场所方面，直销没有特定限制。直销对象也非常广泛，只要适合产品使用范围的群体都可以成为目标受众，有利于直销人员开展工作。

3．价格为天然优势

直销的本质是以更低的价格为消费者带来真正的实惠，因此多余的中间商成为不需存在的环节。低价是直销的优势也是特点，所以，要保证在特定区域范围内的统一定价体系，为促销打造价格优势的基石。同时，商家也要科学管理，合理控制成本。

结合直销的优势可以看出，直销是最灵活机动的销售模式，这种灵活机动体现在宣传方式、人事关系、商品价格以及工作时间和地点等多方面。

10.1.3 特价式促销：原价 39 元现价 10 元

端午节来临，天津某社区附近的一众便利店都铆足了劲儿为各种促销活动做准备，其中一家便利店就打出了"原价 39 元的化妆品现在只卖 10 元"的促销口号。在特价区内，所有的化妆品都只卖 10 元。

便利店还表示，所有的特价化妆品都是正品，假一赔十。而且在商品的品种方面，顾客也有很多选择，比如面膜、啫喱水、面霜、护手霜等，满足了不同消费者的购买需求。这种特价式的促销方式让进店购买化妆品的顾客有了更多的选择空间。

近年来，我国化妆品市场不断扩大，种类也越来越多，但也滋生了许多问题，诸如假货、有些化妆品与价格不匹配等，让消费者无所适从。而该便利店的化妆品正品特价促销活动正好满足了顾客的购买需求。

打折特价促销是便利店最常见的一种促销方式，但真正能做好的便利店却并不多。下面介绍打折促销的成功因素有哪些。

1．明确的打折目的

很多便利店都觉得，打折促销就是要让消费者来购买，其实不然。打折促销除了要让更多的消费者来购买外，还要让那些消费者下次能继续购买，为自己的便利店提高知名度。举个例子，便利店可以用"限时抢购、买就送"等打折方式来积累人气和知名度，然后利用办会员可以打折的方式吸引顾客再来店里购买。

2．良好的宣传

店内促销一个最大的缺点就是顾客只有进店才能知道你在打折促销，因此要想让更多的顾客了解，就要采取不同的方式进行营销。比如，便利店可以在社区发放打折传单，如果有微信运营号可以在微信号上分享一些人气商品，也能吸引顾客的目光。

3. 建立顾客档案

建立顾客档案是便利店留住回头客的关键所在，也是便利店了解顾客、掌握顾客需求，从而为顾客提供针对性服务的重要途径。对于那些力求提高销售业绩的便利店业主和工作人员来说，顾客档案是一笔珍贵的财富。建立顾客档案对提高便利店服务质量、改善超市经营管理水平具有重要意义。

10.1.4 满额促销：消费满 99 元减 10 元

满额促销是一种常见的定价促销方式，其中包括"满额送"和"满额减"两种手段。从赠品角度看，满 99 元送价值 10 元的小礼品一份，这是直接附带实物赠品的方式。

"满额送"的关键点有两个，即什么情况下送，送什么。前者是达到"满"的要求，后者要给消费者礼品。赠品用来突显优惠促销的力度和诚意，所以，商家要确定赠品的品类、规格和相对价值。

相较"满额送"，"满额减"的核心则比较简单，就是直接抵扣现金，满 1000 元就减 100 元，多买多减。这种方式对价格敏感型消费者比较适用，因为可以从这场交易中直观看到自己可以省多少钱，可能比那些赠品来得实际些。所以，商家要针对不同情况制定不同的满额促销方案。

对消费者来说，这种满减的促销方式直接明了，买 100 元的商品相当于省了 10 元，对于精打细算的消费者来说已经非常划算了。下面，我们来对比一下"满额减"和"满额送"促销活动的特点，如图 10-3 所示。

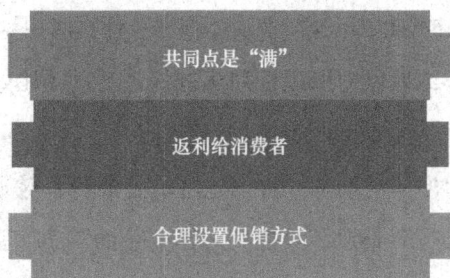

图 10-3 "满额减"和"满额送"的特点

首先，"满额减"和"满额送"促销活动的共同点是"满"。满是经过研究后确定的限制性条件，也是促销活动的中心。无条件赠送或减免不符合促销活动准则。

其次，"减"和"送"都是返还给消费者的利益，是吸引消费者的重要因素。消费者希望获得赠品或减少支付金额，商家就设置一定的门槛让消费者为获得利益付出努力，即达到"满"的限制性条件。

最后，合理设置促销方式。"满额减"和"满额送"作为两种促销方式，都是运用消费者对额外利益的追逐心理。具体使用哪种，需要商家根据实际情况制定相应策略。此外，要想达到预期的营销效果，需要适当提高客单价，避免陷入亏本状态。

相对来说，消费者比较倾向于满就减的促销方式。同时，这种促销活动比较适用于特定阶段的商家，比如淡季、换季、新店开业等。在产品特性方面，饮料、甜点、副食等产品比较适合满减的促销方式，比如肯德基的第二杯半价，虽然没有明确的满减信息，但实际上原价 10 元一杯的饮料，现在只用 15 元即可获得两杯，相当于省去了 5 元。

确定了两种促销方式的特点和区别，商家需要针对满减促销活动制定相应的营销策略。第一，目标人群定位，即什么样的消费者适合满减活动。一般来说，新店开业吸引消费者适合使用满减促销，而维护老顾客则适合使用满送活动。

第二，满减促销活动的适用时间段，例如，在深夜便利店用满减刺激消费者购物。第三，购物重复频率比较低时可以使用满减促销活动，比如日用品、化妆品等大额耐用品消费，可以直接给予消费者减免优惠。

"满额减"作为促销活动的一种，运用的是消费者对省钱的心理追求。本来需要 99 元才能买到某件商品，现在只需要支付 89 元即可获得。这会让消费者认为自己确实收获了实在的利益。例如，新华书店为庆祝成立八十周年而举办了"满额减"活动，全场购买图书凡满 100 元减 20 元，满 200 元减 50 元，多买多减，上不封顶。具体操作是：消费者在网页版或客户端将要购买的图书加入"购物车"，统一结算才能享受满减优惠。同时，在满足以上条件的基础上，使用"支付宝移动快捷支付"的用户还能额外减免 5 元，但同一账号只能享受一次优惠。

无论是"满额送"促销还是"满额减"促销，都以一定的优惠为激励条件，让消费者第一时间做出购物决策。从消费者心理看，很少有消费者对特价、满减等打折信息天生有免疫力。美国心理学家曾提出过"促销易感性"的概念，即一个人的促销易感性越强，其对打折的抵抗力越低。就像感冒一样，有些人非常容易感冒，而有些人则免疫力较强，不容易得感冒。

既然消费者对打折购物有天生的爱好，那商家就要合理运用这种消费心理开展促销活动。首先，要给促销一个名正言顺的由头。有人说，满减满送、降价、折上折等促销活动还需要由头？答案是肯定的，试想如果一个店铺无缘无故地打折，消费者会买账吗？

所以，就算打折力度再大，若师出无名，消费者也不一定会认可，甚至还会怀疑你卖的是假货或渠道不正规。另外，一味地打折促销甚至可能吓跑消费者，例如，平时的盒饭要 20 元一份，现在无缘无故地突然降到 10 元一份，消费者会放心购买吗？

所以，促销活动前要为本次促销确立一个合理的主题，例如，"双 11"大促销、奥运会等重大事件，也可以借用十一黄金周、母亲节父亲节、七夕情人节等特殊节日，具体理由可根据商品特性结合实际情况确定。

小提示：因为一般消费者来便利店购买商品都是买一样或者几样，数量很少且消费额比较低，所以选择满额减或送的促销活动可根据店内大多数顾客的消费水平来执行，切不可盲目使用满额促销，以免造成顾客的流失。

10.2　纪念式促销

纪念式促销是借助特殊的节日、纪念日等时机推出促销活动来吸引消费者。优点是以节假日等特殊日期作为促销的切入点，贴合人们的消费心理，可执行性强。本节介绍哪些纪念日促销能给便利店带来更多的盈利或是客流量。

10.2.1　节日促销：全场五折优惠

对零售行业而言，每一个现代节假日的来临都意味着商机的到来。因此，抓住时机，做好节假日卖场气氛布置，有利于吸引顾客来店，引导顾客消费，对提升节假日的销售额有着重要的作用。

在 2016 年的圣诞节，一家便利店做起了圣诞节促销活动。他们打出广告：带小孩进店消费满 39 元就能立减 5 元，还可以让孩子与圣诞老人合影并赠送一份特殊的圣诞礼物。因为便利店位于社区附近，恰巧圣诞节那天又是周末，许多家长在带孩子出门游玩回来之后都能看到便利店的广告，所以当晚的顾客也是络绎不绝。

节日促销多见于零售、餐饮、服装等服务行业，是一种非常时期的促销活动，区别于常规性营销。节日促销主要有反常规性、集中性和爆发性等特点，属于阶段性短期促销。活动策划组织者要对促销活动有整体的把握，迅速果断且能够处理突发紧急问题，要能够借节日而爆发，顺节日而上。

例如，每年的中秋节期间，各大商场和糕点品牌商都会在线上线下进行全网全站促销活动。目的是把握住中秋这个特殊的时间点，大规模促销以提高产品销量和知名度。当然，节日促销活动不容易覆盖所有的营销点，因此，节日促销必须有针对性，可以以产品特性为营销点，或者是经销渠道，又或者是特定区域。例如，可以以线上线下打通所有连接闭环，对消费者进行全方位的营销刺激，以促进整体营销全局。

在考核指标方面，节日促销活动要有计划性地量化考核目标，包括销售额、毛利率、增长率、重复购买率、促销广告渗透率等，这些都可以从某个维度或几个维度反映出营销活动的效果，而不只是销售额的增减。

在宣传策略方面，可以采用"节日促销＋借势引导"的方法，即在节日宣传的基础上，借助某些热点事件进行自我营销，如体育赞助、捐助希望工程等。既能够突出节日氛围，又能够宣传产品品牌，提高企业的美誉度、知名度。

有了促销思路，接下来就是按照既定的促销方案进行营销活动了。节日促销方案需要包括以下四个方面的内容，如图 10-4 所示。

图 10-4　节日促销方案的内容

1. 促销场所

促销场所即节日营销活动在哪里开展：是线上还是线下？是城市中心广场还是农村小型便利店？例如，同样是 IT 数码产品，既会出现在一般百货超市，也会出现在专业数码商厦或电子城，这些场所都有自身的特性，所以，营销人员要注意节日促销活动的方式和力度。

2. 促销渠道

促销渠道即通过何种形式或手段进行促销活动，才能让广大消费者有效接受营销信息。例如，端午节赠送粽子礼券，促销组织者就需要对促销渠道进行排列组合，搞清哪些商品可以直接赠送给顾客，哪些附带在产品内部，能否通过微信公众号等线上渠道发放。这些问题都需要量化、细化，以最大限度收获营销效果。

3. 促销时机

选择一个好的时机对促销活动来说也至关重要，过长过短或过早过晚都会影响促销效果。例如，"双 11"前夕，电商平台的店铺已经开始做促销活动，打出"双 11"提前大放价、现在拍下 11 日不降价等促销活动，提前抢占商机。

4. 促销对象

有人认为反正是促销，肯定是面向广大消费者，所以节日促销不必区分对象。这种观点是不正确的。既然是促销肯定是要将产品卖给某类群体，不同的促销对象有不同的促销重点，要分清主次矛盾。

通常来说，产品最终以预期价格到达消费者手中，才是完成了营销的终极目标。所以，大部分的节日促销对象都以消费者为主，其次才是对中间经销商、零售商的促销激励。

像"圣诞节租房一律八八折"这种节日性促销活动是典型的纪念式促销，即选择特殊时期节点，进行反常规性的促销活动，而在平时很难见到如此优惠的促销力度。对促销组织者来说，要想让节日性促销活动产生良好营销效果，关键是时间、地点和人物都要选择正确。这样，才能够收获更好的营销效果。

有些促销活动的目的就是"多卖产品"，很少考虑促销活动对品牌的影响。每次都精心准备，但活动过后总有避免不了的遗憾。这样常常造成不搞促销，产品销不起来，搞了促销又得不偿失。

关于如何搞好促销，尤其是节日促销这一老话题，许多业内人士都不屑一顾，似乎人人都会做促销。可现实是真正达到目的的促销真是不多。

既然选择节日促销，就要找到促销与节日的结合点。销量应该是节日促销的硬道理，除此之外，还要能提升品牌形象，达到宣传的作用。

> **小贴士**：事实上，那些和节日文化相距甚远的产品是不适合做促销的，即使要做，也要找到促销的由头。因此，在做节日促销时也要因时制宜不能盲目地跟风，随意地将商品降价或是甩卖，那样只会适得其反。

10.2.2　会员式促销：积分满100，可20元购买5升装食用油一桶

便利店打折促销经常会使用会员卡。会员卡的使用方法有很多种，其中积分制是一种比较常见且长久有效的方式。

会员的积分管理是为了增加顾客在某个期限内在店里的消费，培养顾客对本店的忠诚度，缓和顾客要求打折的矛盾心理。积分制是一种长期有效的持续性活动，并非短期的促销行为，所以要把它作为便利店营销的一种策略手段。实施积分制可以降低促销成本，并且能提高交易的次数和客单价，提高顾客的回头率及满意度，甚至能够让顾客主动宣传本店的优势。

会员积分制度是便利店回报老顾客的一种返利促销方法，顾客每次消费一定的金额即获得积分。积分卡积满一定分数后，顾客可凭积分卡来兑换价值一定金额的服务项目或优惠产品。积分卡可以设置一年内有效，没有积满的卡不能参加折合返利。

此外，会员还享有各种优惠，比如购买九折产品、每月免费赠送小礼品等。

但是便利店为顾客办理会员卡，一定要想到如何用这个卡做好顾客关系管理和开发工作。便利店合理地利用会员卡，会产生很多商机。

10.2.3　纪念日促销：生日期间，凭身份证可免一单

北京有家便利店规定，生日当天凭身份证进店消费可免一单，另外，便利店还会送出精美小礼品一份。这是便利店新兴的纪念日促销活动。在顾客生日当天进行促销活动，就是看重节日能够为消费者带来不一样的消费体验。顾客会认为："因为今天是我的生日，所以店铺才会给我免单，其他人可享受不到。"

事实上，大部分人还是非常注重自己生日的，而商家也可以借助这个日子和顾客联系感情，用免单的方式向消费者传递出祝福，并为其定制个性化的促销方式。

例如，生日当天消费者收到一封来自商家或品牌商的祝福邮件，也许此刻他正忙于工作，而这封祝福邮件恰恰给了他一份温馨。如果可以结合其他信息将邮件内容设置得更加个性化、更符合消费者本人的偏好，那肯定会更容易被消费者接受。

在获取用户生日信息方面，情感式营销更容易被消费者认可。例如，对家长来说，孩子的生日当然非常重要，如果此时营销商告诉家长能够免费获得一份不同年龄段的儿童成长详细报告，相信很多家长不会拒绝。进而，商家可以在孩子生日前夕或当天提供一些诱人的促销活动信息，吸引孩子发动家长进入商场，而这正是营销者希望看到的结果。

除此之外，购物网站在用户登录以后，会根据大数据分析结果向其展示可以提供生日蛋糕的店铺或动态图片，以此提醒和鼓励消费者：你的生日到了，这里准备了美味的生日蛋糕，期待你的光临！或者是为消费者提供筹备生日聚会的建议，这种准备性建议当然对有孩子的家长比较适用，因为爸爸和妈妈可能正在为如何准备一个难忘的生日聚会而发愁呢。

无论效果如何，消费者是否接受，商家为消费者提供的生日礼物或建议都是一种营销手段，其共同点是以消费者的生日为核心，围绕其习惯偏好，展示其可能关心或感兴趣的产品或服务。因为每一个消费者都希望能够被真正当作上帝一样对待，所以商家确实应该以各种符合消费者心意的方式送上带有营销基因的祝福。

既然生日营销可以如此丰富，接近消费者的需求，那商家在营销活动中可以将哪些营销行为纳入生日营销手段呢？如图 10-5 所示。

提前告知　　活动预热　　创意礼品

图 10-5　如何开展生日营销

1. 提前告知

绝大部分的生日营销都是针对消费者生日当天的活动，但是有些顾客不一定事前知道店铺有此优惠，所以，店铺客服人员可以在消费者进店后主动询问，提前告知。也可以在店铺显要位置张贴温馨提示，让消费者知道该店铺在顾客生日当天可以免单或有其他优惠活动。

有些店铺则不太重视这部分营销内容，往往是在顾客结账买单时主动问起时才会告知有代金券类的促销活动，这样显然不会给消费者留下很好的印象。

2. 活动预热

针对生日的促销活动可能并不是常年都有，店铺可能会在某个季度或时间段内实行。所以，在生日营销前要做好活动预热以及前期物料准备工作。例如，如果结合生日促销活动附带有生日礼券，就可以提前发放。同时，核实礼券印刷内容无误，这样，消费者在持券进店后可以第一时间向客服人员说明情况，提高用户黏性。

3. 创意礼品

在生日营销活动中，如果有专门的生日礼品也可以向消费者重点介绍，其发放方式可分为免费获取或门槛性获取。具体细节可根据产品或服务等实际情况进行设置。

当然，纪念日促销的本质就是以特殊的时间点为促销理由，为消费者提供满意的营销产品。生日营销之所以容易被消费者接受，是因为消费者感受到被看作上帝一样的存在，在出生纪念日那天享受到其他时间点无法获得的尊贵权益。消费者当然乐于接受这种充满荣誉感的营销。对商家来说，要将生日营销做到实处，将产品和品牌特色融入生日营销中，避免流于形式。

10.2.4　特定周期促销：每月 1 日，全店九折

每月 1 日是山东济南某便利连锁店的特价会员日，届时全店商品都打九折。同时，还有其他优惠福利送不停，综合让利消费者。比如，满 50 元返利 10 元，满 100 元返利 25 元，还有微信支付、支付宝付款送等值金币活动，10 个金币可抵扣 1 元现金等。所以，在会员日这一天店内顾客络绎不绝，店员也忙个不停。可见，如果做得成功，特定周期的促销活动也会引爆消费热点。

住在附近的王先生表示，自己经常来这家便利店买商品，上个月的会员日还在这里补充了些日用品，价格优惠了不少，还免费送货到家。同时，店内收银员的服务态度也不错，有什么问题都会及时解答。而且，店面整洁，商品摆放整齐，看起来非常正规有条理。

此外，便利连锁店下的每个分店都为消费者 24 小时提供免费热水、Wi-Fi和厕所。即使不消费也可以进店免费提供换零业务。这些优惠活动得到了社区内年轻白领、上班族的欢迎。可以看出，除了特定周期的会员日活动，这家便利连锁店能够得到消费者信赖的原因还在于综合性服务非常到位。

特定周期促销运用的是消费者对打折优惠的心理追求，给打折活动定一个

时间点，既能给活动组织者一定的准备时间，也能够制造某种营销氛围，为促销活动造势。尤其是一些大型连锁性企业或机构，在特定周期促销中，可以发挥联动效应。

通常这种每月1日的打折活动是与会员活动联系在一起的，即1日是特别优惠日也是会员特价日，这样做既可以增强活动的重复性，也能够吸引更多的消费者为享受这种优惠而加入会员俱乐部。综合来看，特定周期的促销活动也有很多的现实意义，如图10-6所示。

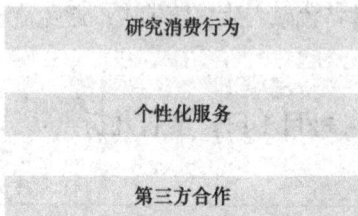

研究消费行为

个性化服务

第三方合作

图 10-6　特定周期促销的现实意义

1．研究消费行为

每月1日的促销活动通常是消费者消费的活跃期，在这个特别的日子，商家能够获取当天的消费行为数据，如哪些品类的产品销量高，哪些点击率高，有没有退货现象以及原因是什么，逢节假日对促销活动会不会产生有利影响。

这些问题从这天的消费行为中都可以有所体现，依据数据也能够评估促销活动的效果以及后续改进方案。这对一个商家或品牌商特别是大型企业具有十分重要的现实指导意义。

2．个性化服务

特定周期的促销不仅仅是在指定时间段内的营销活动，也是为消费者提供个性化服务的绝佳机会。例如，城市上班族生活节奏快，时间紧张，不可能每天依次浏览所有的商业信息，这时就需要商家为其提供个性化的信息服务。而1日的全店九折优惠就是为消费者主动筛选出的信息。当然，实现这些个性化服务离不开大数据分析、用户画像等技术支持。

3. 第三方合作

在一月一度的特定周期促销中，主办方当然也可以联合第三方零售商进行组合营销，让消费者享受更多优惠。同时，主办方和第三方可以在合作中实现共赢局面。例如，一张会员卡可在多家不同品牌门店享受促销打折活动。

特定周期促销以重复性、联动性的优势受到众多商家热捧，所以，在生活中我们常常可以看到许多指定日期的活动，比如，每周三部分新品六折促销，每月 15 日免费体验、试用等。商家既有了促销的名义，又能够维护老客户，发展新客户。

10.3　奖励促销

奖励促销，顾名思义，是指消费者完成指定要求后商家或主办方给予一定的报偿作为奖励的促销方式。在消费者看来，轻松点击签到按钮或收藏一下，即可获得有价值的金币，这真的是实在太划算了。特别是对于网站或品牌的忠实粉丝来说，每天签到已经成为习惯。

天津的李女士每天晚上临睡前都会打开一个便利店 App，点击左上角的签到按钮，尽管李女士的丈夫认为这样做毫无意义，但李女士还是日日坚持。

奖励性促销除签到这种互动式促销方式外，还有抽奖式促销和奖励优惠券的促销手段。试想，参与一次抽奖就有机会获得 200 元代金券或获得精美奖品，这是多么有诱惑力的事情。而且，多数商家设定的参与门槛并不会太高，也会激发消费者的参与热情。

优惠券型奖励促销则更直接明显，比如，消费即送百元优惠券可直接抵扣现金等。所以，抽奖、签到互动、优惠券，都是商家奖励促销的重要策略。

10.3.1 抽奖式促销：满 58 元，可抽奖一次

2016 年 7 月初，河北石家庄某地的一些便利连锁店开展了"消费满 58 元就能抽奖一次"的优惠促销活动。便利店的全部商品都参与活动，消费者只要在店内消费满 58 元，就会获得一张奖券，凭此奖券可参与 9 日晚举行的现金大抽奖活动，其现金奖励最高 500 元。也就是说，在店内消费满 58 元，即有可能抽得 500 元现金大奖。

夏季来临，温度升高，以空调为主的家用电器进入销售旺季，因此，商家还举办了买电器抽奖活动，带动消费者的选购热情。除抽取现金大奖外，电器城还有满额减、满额送等优惠促销活动。

就像福利彩票，两元钱一张彩票，中奖以后就可能成为千万富翁，所以许多人趋之若鹜。从心理学看，人们对"以小博大"总是充满期待，希望自己是那个中奖的人。在消费者看来，购物之后可以参与抽奖，而且奖品如此丰厚，这种促销手段当然具有强大的吸引力。

所以，商家可以运用消费者对意外所得的心理满足感设置促销活动。当然，不能设置无门槛抽奖，想要参与抽奖当然要满足特定条件，比如，一次性消费满 1000 元或者购买指定产品方可抽奖。抽奖式促销属于有奖销售的一种，除抽奖外，有奖销售还有以下三种方式。

第一种是加价购，即消费者为所购产品付款以后，再支付一定金额即可获得赠品，加价的多少按实际赠品的价值确定。

第二种是积分换购，比如，中国移动举行积分换购促销活动，50 积分可以换得一个保温杯。这也是众多商家常用的有奖销售模式。

第三种是额外赠品，比如，购买手机赠手机壳、贴膜等。

抽奖式促销是运用消费者的博弈心理，以奖品对消费者产生刺激效应。研究表明，消费者的注意力与外界刺激时间、强度和频率有密切关系。例如，奖品的价格越高对消费者的刺激越强烈，"买电饭煲送平板"和"买奶粉赠洗衣液"

相比，很明显前者的刺激效应更强烈。

所以，商家在设置奖品时，要以实际情况确定奖品的价值和规模以及中奖比例。当消费者的注意力被奖品吸引时，往往会忽略奖品的实际价格，或者消费者很难对奖品做出精确的价格比对。

当然，抽奖式促销也并非适合所有的促销要求。一般来说，当需要主推新品、产品更换包装、维护老客户、提高市场占有率时，可以运用抽奖促销，因为人们对抽奖过程的记忆程度远大于直接获得一袋洗衣液。这种抽奖式促销符合心理学中立即报偿和延迟报偿的概念，如图 10-7 所示。

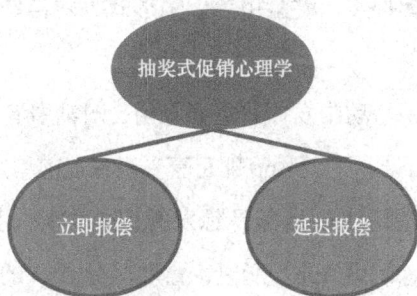

图 10-7 抽奖式促销运用的心理学

立即报偿指的是消费者在支付所买商品后，商家马上按照规定给予指定优惠，或打折或送赠品。比如，充话费赠不锈钢盆、买一赠一等。而延迟报偿指的是消费者在购物之后，可能得不到确定的回报，例如，满998元可参与抽奖活动，或者是前面提到的购买商品满 58 元，可抽取 500 元现金大奖等。这些是商家给予消费者的另一种形式的报偿。

不同的消费者可能倾向于不同的报偿方式，有人喜欢立即获得一定赠品，不愿意等待，因为人的本能是寻求风险最小。而有的消费者可能会耐心地集齐所有的印花，然后去兑奖或换购。所以，对商家来说，确定什么样的抽奖方式需要按照实际情况和促销主题设置，以达到预期目标。

10.3.2 互动式促销：下载店铺 App，可享八八折优惠

"使用便利店 App 付款可享八八折优惠"，这是大学生雨某在全家便利店门口看到的广告，广告上面写着"下载 App 就可以打折"，全家营业人员告诉雨某，在便利店内只要使用全家便利店的 App 进行付款就能享受八八折的优惠。

下载 App 就打折是现在网络时代商家常用且行之有效的促销手段，特别是在竞争激烈的零售行业，各种促销方式层出不穷。下载 App 可以扩大知名度，维护老客户，开发新的客户资源。因为使用 App 支付打折，消费者能够直接享受看得到的利益。比起抽奖、赠金币等促销形式，对消费者来说，还是能够直接省钱来得更实在一些。

便利店 App 在促销活动中发挥着重要作用，对消费者来说，在 App 上付款是享受特殊权益的通行证，下载 App 即可享受商家提前约定好的优惠。

从促销角度看，使用 App 当然是想发挥促销优势，提高销售业绩，但不是所有的消费者都愿意使用 App。所以，需要区分 App 的使用人群特征，下载 App 就打折活动对不同的使用人群效果是不同的。如图 10-8 所示。

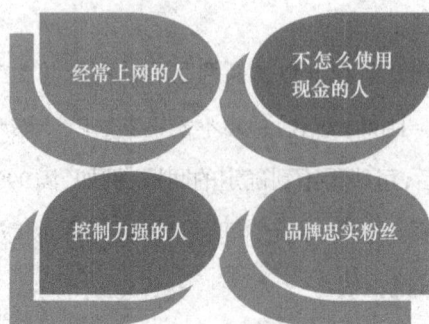

图 10-8 App 的使用人群

1. 经常上网的人

现代社会科技飞速发展，许多人都离不开网络，特别是一些年轻的白领和

学生，随时随地上网已是家常便饭。因此，他们对手机 App 是很敏感的。

2．不怎么使用现金的人

自从微信支付、支付宝等移动支付平台开始流行，越来越多人开始出门不带现金，希望买东西时只要轻轻一扫即完成交易。下载 App 就打折对这类消费者影响不大。

3．控制力强的人

消费目标明确、控制力强的人，即使有下载 App 就打折活动也会根据实际消费需求去选择，而很少被眼花缭乱的优惠信息迷惑。

4．品牌忠实粉丝

这类人会因为倾向于某个品牌而具有坚定的目标选择，与打折活动相比，这类人更关注品牌和质量。所以，商家可以适当弱化打折因素，转向差异化和高质量的用户体验，以吸引品牌的忠实粉丝，维护该类消费者资源。这类消费者不会因为优惠、打折等活动而改变对品牌的支持度。

所以，利用 App 下载打折可以对促销产生积极影响，但也要根据实际情况有针对性地使用。便利店 App 可以区分消费者类型，也能够指导促销活动。

便利店把握好 App 的使用范围和力度，合理规划折后利润率，就能够在打折促销活动中实现良好的促销效果。

10.3.3　优惠券促销：现在下单，即送现金券

董某在网上开了一家网店专门经营女装，目标群体为都市年轻女性，按年龄分为两种目标客户，分别是 16 ～ 22 岁的学生群体和 22 ～ 28 岁的白领人群。店铺常年顾客平均消费为 200 元左右，转化率约为 3.12%。为提高店铺整体销量，2016 年七夕节前，该店铺决定开展"浪漫七夕你买衣我送现金券"的优惠大促销活动。活动规定如下。

活动时间：2016 年 8 月 6 日 00:00 ～ 9 日 00:00。

活动规则：一次性消费满 199 元赠送 50 元现金券一张、满 299 元赠送 80

元现金券一张。另外，该店铺还有两件包邮、满额减、满299元可任意挑选一件服装配饰（主要是胸针、吊坠、硬币包等）的优惠活动。

此外，该店铺还为消费者准备了5元无门槛优惠券，10元和15元的限定优惠券，可立即领取，下单结算时使用。对于现金券，用户只要成功下单即可获取并可以在下次消费时使用。只要单次消费满100元即可使用50元现金券，满150元可使用80元现金券。

现金券是一种代替现金消费的票据凭证，主要用于商家促销活动，在规定条件内可以当作现金消费，但一般不兑现、不找零。商场、店铺、超市以及电影院等消费场所都将现金券作为常规的促销方式。

对商家而言，现金券是优惠促销手段，也是促使消费者进行二次消费的直接推动因素。同时，也可以连接线上线下联动营销策略。比如，有的餐饮店铺提供网上外卖服务，消费者在订餐的同时，可以获取商家提供的现金券，现金券可同时用于线下实体店铺和线上订餐结算服务，一张现金券两种用法。

再比如，当消费者已经消费过并且手中持有一张现金券时，在第二次选择时，对比没有现金券的店铺，很可能会优选前者。激发因素有两点。

一是上周已经来这里体验了，所以才有了手中这张现金券，而且这家店的菜品不错，服务员态度也挺好的；

二是对面那家餐厅虽然也体验过，但没有现金券。对比之下，消费者很有可能会选择第一家，特别是优惠券敏感型消费者，为了省钱当然会选择第一家。

对消费者来说，尽管现金券的力度不是很大，但它具备了一定的吸引力，如果不消费，这张现金券就是一张废纸，一旦使用了，就可以省下一小部分钱。有省钱的方法为什么不用呢？

另外，优惠券除了直接赠予消费者外，还可以结合其他营销方式玩出新花样。比如，线上猜价送现金券的促销活动，即在指定时间内，买家通过和客服人员沟通，提交猜价的答案，然后卖家根据答案向买家发送现金领取链接。这种方式的好处是增强与消费者的互动，通过沟通对消费者的消费偏好进行调查，可以对后续促销活动提供参考信息。其不足是操作比较复杂，需要简化流程，同时不降低用户体验。

现金券、抵扣券等都属于优惠券的范畴，即以规定的形式向消费者发放代表特定面值的票据凭证，可以是纸质或电子版，消费者凭此享受优惠。这种促销方式和团购有相似之处。从消费者角度看，优惠券和团购都可以享有一定优惠，或打折或代金。而两者又有明显的不同点。

下面以优惠券和团购券为例，介绍两者的不同，如图 10-9 所示。

图 10-9　优惠券和团购券的区别

1．使用前提

优惠券可以在消费时直接使用，无须交订金，而团购优惠需要购买团购券，到店消费时，向工作人员提供团购券码或验证短信等凭据之后，才能享受消费。

2．折扣力度

一般来说，优惠券折扣力度较小，且有使用时间等限定条件，但团购券优惠活动力度比较大，多在八折或九折。

3．使用权限

消费者获得优惠券后可以不使用，相当于一种邀约，消费者有选择是否使用的权利。而团购券多数都要完成交易，即购买团购券以后要到店消费，或者可以退掉团购券。

4．使用人数

优惠券可一人一张同时使用，不限人数，而一张团购券多为拼团，例如，两人套餐、四人套餐等，对使用人数有限定。

优惠券和团购券都是商家频繁使用的促销手段之一，消费者可以根据情况选择使用。优惠券属于商家主动赠送，而团购券是商家提前设定的使用套餐，且打折力度比较大。当然，在促销活动中可以结合多种优惠促销方式，力求达到更好的促销效果。

10.3.4　最低额促销：只需消费 9.9 元，就可成为会员

在本便利店只要消费满 9.9 元，就可成为会员。这是上海一家便利店为吸引新的客源而设定的入驻会员俱乐部的资格条件。同时，会员申办说明是这样描述的：该会员卡集储值、积分双重功能于一体，只需消费 9.9 元即可免费激活会员资格。并且，会员卡为记名制，需要进入官网、微信公众号或 App 客户端，根据要求填写个人基础信息，注册成功后，可以到实体商场根据短信验证凭据免费领取会员卡。

另有温馨提示：如卡片损坏或丢失可挂失补办新卡，但商场要收取补办工本费 10 元，一经申办，不退不换；此外，要妥善保管会员卡网站账号和登录密码、支付密码，如因保管不当造成的损失，由持卡人自行承担。

在会员卡充斥的今天，用会员卡进行促销也是一种营销，比如，消费 1 元，即可获得办卡资格，填写相关信息以后就可成为会员，或者提供手机号码即可成为会员。这里的 1 元和手机号码是消费者升级会员的通行证，即满足预定的临界点就能够完成升级，这也是一种最低额的促销方式。

10.4　罗森：买指定商品 +3 元，换购任意口味"脉动" 1 瓶

罗森（LAWSON）便利店于 1975 年 4 月在日本成立，是日本第二大连锁便利店集团，目前全球罗森便利店超过 11000 多家。罗森于 1996 年进入中国，在中国的门店已经超过了 300 家。随着中国便利店市场进入一个高速发展期，餐

饮服务成为罗森打开中国消费市场的利器。买指定商品+3元,换任意口味"脉动"1瓶,是罗森便利店某次促销活动的内容。

下面,我们以节日促销为例来看一下罗森便利店开展活动的六大注意事项。

1.准确定位

主要表现在主题鲜明、明确传达活动主旨,不要随意进行打折活动,避免误区。另外也需要了解竞争对手的动态,尤其是在临近节日的时候,更要了解竞争对手最新的促销意图,比如有无新品发售、商品的打折促销、满额就送活动等。

2.确定最佳行动方案

在安排好计划后,还要有一个绝佳的行动方案,然后是罗森员工极强的执行力。此外,所有的活动安排和物料准备都要紧扣活动主题。店长要对活动人员进行严格的训练,把活动的目的和主要方针深入传达到每个店员心中,充分调动每位员工的积极性和责任感。

3.确定时间安排和规划预算

时间安排算得巧不如算得及时,要迅速将特色活动准备好,让竞争对手感到出其不意。

4.现场氛围营造

节日气氛一般指便利店的现场气氛,包括海报的张贴、装饰的布置、恰到好处的播音与音乐,这些将会在很大程度上刺激顾客的购买欲望。具体而言,做好主题广告宣传,从色彩、标题、方案到活动等均突出节日气氛,以主题广告营造节日商机;还有一点就是要调动员工的积极性,其中最有效的方法就是制定一个恰当的任务与销售目标,活动结束后,按照实现率情况进行奖惩。

5.严格控制促销成本

尽量避免和强大的对手硬碰硬,最好是借力使力,独辟蹊径,突出自己商品的优势和卖点,才能取得良好的效果。

6.评估总结

每次节日营销的整体活动都需进行一次详细的评估总结,以提升营销的品质和效果。

第 11 章

便利店盈利新模式，开店赚不停

2016 年，很多传统商超百货开启了小店模式：家乐福 Easy、麦德龙合麦家；线上平台也开始杀入：掌利宝、天猫超市；北京成为继上海之后便利店竞争最激烈的地方：全时，邻家，7-11，全家，罗森开店迅猛；同时，涌现出不少创新服务：洗衣，复印，快递包裹，手机充电宝租借，免费 Wi-Fi，微信支付或支付宝快捷付款，自提，1 小时达送货。

创新产品的研发也较多：自有品牌的盒饭，面包，包子及糕点等。

便利店市场一片欣欣向荣，但我们也看到一些明显的同质化现象。在这样的情况下，便利店还可以在哪些方面创新求变呢？

在线上，当传统商超百货都在发展小店时，便利店商家应该在哪些方面创新？本章介绍便利店应当如何转型。

11.1　便利店让新零售迎来爆发期

正当各大超市在艰难转型的时候，"精巧华美"的便利店扎根在人们日益快节奏的生活中并且快速生根发芽。尼尔森 2016 年 8 月出炉的《2016 年度中国卖场超市购物者趋势报告》显示，过去一个月去过便利店或网购过的渗透率从 2015 年的 32％上升为 2016 年的 38％，这表明消费者对便利性的高需求将持续，他们的消费会进一步从大型超市转移到相对较小的零售店，便利店将迎来发展的新机遇。

许多便利店业内人士都指出，在未来的四五年里便利店行业将会有个大爆发式的发展，因此可以预见到，在未来的四到五年，不管是私营便利店还是加盟便利店，都会面对一场没有硝烟的战争。

便利店近年来惊艳的表现，成为零售行业消沉业绩里的一抹亮色。中国连锁经营协会的资料显示，2016年年底，72家便利店企业合计门店数为10.2万家，同比增长近一成，合计销售额增幅达15.2%。据推算，2017年中国的便利店市场规模将达1500亿元。

2016年8月，中国连锁经营协会针对便利店行业开展了一次行业调查。调查显示，近四成的便利店销售总额同比增长10%以上。在日本，便利店的市场份额已经超过了超市，二者的比例大体为6∶4。而我国目前的实体零售市场，这个比例大体是2∶8，便利店还有巨大的发展潜力和空间。据业内人士介绍，"便利消费"早在2012年就列入了商务部的工作重点中。可见，今后便利店将在中国市场飞速发展，无论是开店频率还是营业收入，其前景都会好于其他零售业态。

11.1.1　从加盟产品到推出自有品牌

上海罗森便利有限公司董事总经理张晟说过："便利店就是要给人带来方便，因此快餐、点心等产品非常重要，如果都是市场上千篇一律的商品，则毫无新意。要在竞争中胜出，一定要有与众不同的商品，因此我们开发了大量的自有品牌商品，不仅货品独家，而且价格较低，大大促进了销量。"

自有品牌的优势如下。

（1）成本低、利润大、方便调价。通过自有品牌，零售商可以减去供应商的中间环节，减掉了大量的中间费用。一方面，对市场已有的商品，将自有品牌的商品以同等或稍低的价格出售，可以获得更多的销量；另一方面，对于便利店自行开发的商品，价格缺少横向对比，定价空间更加灵活，除了商品本身的价值以外，更多的溢价依赖零售商自身的知名度和信誉度。在便利店具有一定的品牌价值时，自有品牌可以大幅提高毛利率。而且，在熟食、盒饭等即食食品的自有品牌开发上会比其他商品开发更有优势。

（2）具有渠道与推广优势。便利店就是零售的最终端，它的自有商品自然也有着最好的销售推广优势：最好的货架位置、营业推广、店内广告等，所有的成本在便利店商铺中都是可控的、最小的。

（3）产品设计自有，满足消费者要求。零售商在市场中得到的消费信息、数据都是一手的，所以可以设计出最符合消费者需要的产品。从产品本身到包装设计，再到宣传推广，便利店较供货生产商而言，更有可能给消费者一个满意的产品，从而提高便利店的销售额。

（4）可强化品牌形象，充分发挥便利店信誉的无形资产优势。对便利店来说，便利店的自身品牌形象也可以通过自有品牌的销售来做进一步的宣传推广。第一，设立自有品牌，可传递给消费者便利店业务拓展、做大做强的信息，增强便利店形象，达到宣传效果；第二，拓展自有品牌可以充分利用自身的品牌价值，产生协同效应。

（5）在行业中突显差异化优势。对仅拥有"货架"功能的便利店来说，要想在行业中突围，最常用到的就是低成本战略。久而久之，便利店大多是"零利润"甚至"负利润"经营，靠上架费、返点等途径间接获利。如果便利店开拓自有品牌，就能通过开发和经营具有本店特色的自有品牌商品实现差异化，通过吸引特定消费者，迅速提升销售额和毛利润。

> **小提示**：便利店的自有品牌一般都会选择生鲜和熟食以及盒饭，一是因为方便做，适合没有自主品牌经验的便利店经营者，二是因为周期短，如果卖得不好可以及时调整，避免大量压货。

11.1.2 从普通便利店到主题便利店

在日本横滨的山下公园附近，有一家罗森便利店叫作"Happy 罗森"，店铺以专门的母子服务闻名。便利店分为两个部分，前半部分是普通的商品购物区，有许多婴儿用的产品，包括奶粉、儿童衣服等，后半部分就是儿童的娱乐设施区和用餐区。

而另一家位于东京涩谷的罗森门店则主打健康理念，进门就摆放着与全国各地农场合作的蔬菜，便利店还有专门的货架摆放便当，每个月都会有新的商品推出售卖。而且，任何人进店都可以免费使用店内的体重秤。便利店还有一个专门的药箱，同时请 24 小时服务的医生为顾客提供检查服务。

一项研究显示，总体上来看现在的便利店营业销量比起以前增长了很多，一方面是便利店适应了现代生活的快节奏，另一方面则是受益于互联网企业渠道下沉所带来的机会。但并非所有的便利店都能从市场的繁荣发展中分享利益。许多便利店都面临着租赁成本上涨、电商冲击、同行竞争等困难与挑战。

便利店主要面临的困难与挑战如图 11-1 所示。

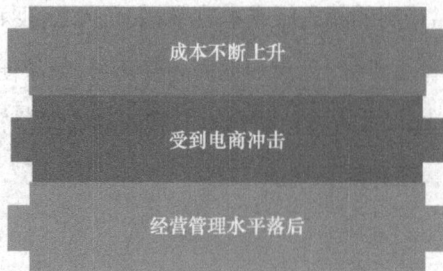

图 11-1　便利店所面临的挑战

1. 房租和运营成本快速增长带来的压力

便利店主营快速消耗商品、日常生活用品，单间便利店通常能覆盖到附近的小区和学校。便利店通常会开在人口比较密集的地方，比如社区附近、办公大楼、地铁旁等。便利店位置好坏不仅关系到客流量的大小，还决定了便利店的兴亡。但是如果便利店在更好的地段，那么随之而来的就是更高的租金问题。近年来，随着城市房价的不断上涨，商铺租金也水涨船高；加上个体便利店通常是以一年一签的短租方式和房东或二房东签约，租金上涨更加频繁。同时，人力成本也在快速上升，增加了个体便利店的运营压力和机会成本。

2．电商和 O2O 带来的业务分流冲击

在许多发达国家，便利店已不再单单提供便利性。比如说日本的便利店，其提供的服务从最开始的 24 小时营业到支付水电煤气等各种费用，以及设置ATM 机，收发快递，到现在的送货上门，服务多达数百项，成为普通民众生活不可或缺的服务中心。国内大多数便利店特别是个体便利店，还停留在实体店销售阶段，电商的发展越繁荣，对其带来的冲击就越大。

3．经营管理粗放

国内许多便利店从经营管理水平来看，还在初级阶段发展，而个体便利店的经营者许多是刚创业的人或者是家庭开店，便利店的一些基础服务相对落后且雷同点比较多，在面对市场的激烈竞争时会出现种种问题。许多个体私营的便利店经营能力不够且没有应对风险的意识，而且私营店还经常出现资金周转困难、店里员工不够、服务技能欠缺和管理不够完善的问题，种种原因都制约着个体便利店的转型和发展。

因此，便利店的转型迫在眉睫。虽然主题便利店的出现为便利店转型提供了一个思路，但具体实施时需要因地制宜，不能盲目地全凭兴趣爱好，要经过所在的商圈市场调查才能逐步推进。

11.2　便利店八大利润来源

如今，便利店的销售收入已不仅是线下每天来往的顾客提供的那些营业额。在线上线下融合的趋势下便利店有了更多的利润来源，比如便利店 App 销售或是微信网上销售等。由于社会经济的发展，线上交易支付越来越便利，人们的购物方式也变得多种多样。

11.2.1 实体店商品销售获益

便利店线下经营主要的利润来源大多是店内的商品销售所带来的直接利润。便利店实体店商品销售利润基本是：商品利润＝商品销售金额－便利店加盟费－会员费－便利店日常营业费－房租。由此可以看出，实体店商品销售获利其实也不是很多。

提高便利店实体店商品销售有以下四种方法。

（1）提高食品比重，但要根据所在商圈进行调整，比如，在社区附近，可以提高生鲜食品的比重，在办公大厦附近可以提高盒饭、面食等速食品的比重。

（2）增加自有品牌数量，比如自行研发的各种水果干货、蛋糕点心等食品。

（3）如今房租增长很快，有条件的话可以几年一签，而不必一年一签。

（4）加强信息管理，实现单品管理，提高商品配送效率。

虽然社会发展很快，特别是线上购物日益流行，但如今实体店商品的销售收益仍将会是便利店收益的主要部分。

小提示：尽管社会快速发展，各种线上线下模式的便民额外服务变多，但实体店商品销售的利润仍然占到便利店利润的 60% 以上。

11.2.2 App 商城商品销售获益

现在大家的手机上或多或少都会有几款商城 App，特别是经常出入便利店的年轻白领和大学生。

商城 App 是什么？手机商城 App 是指利用手机中的 App 进行消费购物的平台，是第三方开发软件者为商业零售和服务企业开发的推广销售产品服务的平台，就像是把便利店从线下搬到了线上。商城 App 的主要目的是通过丰富的应用内容，来吸引大量服务商家，使顾客足不出户就能在线上购物交易。通过使用商城 App 可以减少中间环节，消除运输成本和中间代理差价，为加大消费力度及市场流通性带来巨大的发展空间。

便利店可以利用商城 App 售卖商品，然后送货上门或是等顾客自己提货。

11.2.3 微信商城商品销售获益

在快速发展的移动网络时代，微信上的微商越来越多，微信商城（也称微商城）应运而生。所谓的微信商城其实就是一个基于互联网的商城应用服务产品，最主要的功能就是卖产品。许多商家会利用其他平台来为微信商城做宣传营销。

跟淘宝一样，微信商城中的微店有担保交易功能，因此在安全上有所保证。微店是微信商城展示产品的最好平台，它不仅可以展示产品，还会给顾客一种放心的感觉，因此比较正规。同时，微店也有分享的功能，可以让用户搜索、在线交流以及在线支付。不但方便用户观看微信商城产品，还方便用户付款。

微信商城的优势如图 11-2 所示。

（1）微信商城推广几乎没有成本。传统的营销推广要花费大量的人力物力，成本高昂，而微信本身使用是免费的，而且在使用时只收取的一点流量费用几乎可以忽略不计，通过微信开展营销活动的成本自然非常低廉。

（2）微信公众号的推广定位精准。微信便利店公众账号能让顾客的分类更加细化、精确，通过微信后台将粉丝（顾客）分门别类，然后再进行精确的定向推广，保证每个顾客能收到自己想要的信息。

图 11-2　微信商城推广的好处

（3）微信商城的推送更加多元化。现在微信不仅支持文字还可以进行语音输入，当然也可以文字混合语音进行编辑。一般的公众号可以在上面推送文字和图片信息。经过认证的账号会比一般公众号有更高的权限，能推送更加漂亮的图文信息。特别是语音和视频，能够让顾客感到更加亲近，让便利店的营销变得丰富有趣，从而促进便利店的营销发展。

（4）推广方式更加人性化。微信推广不仅不会影响人们的生活习惯，还让顾客有了更多的选择。如果顾客想要商品或促销相关信息，微信公众账号即可主动推送；如果顾客没时间看，也可以把接收信息的权利交给用户，让用户选择自己感兴趣的内容，比如回复关键词就可以看到相关的内容，使得营销推广过程更加人性化。

11.2.4　进口商品销售获益

"我的便利店也就 50 平方米左右，跟那些大卖场比不了，但来光顾的顾客却不少，且相对稳定，都是奔着商品来的，饮料、零食、罐头、有机粮食、马铃薯粉、意大利通心粉卖得都很好。"天津河西区一家经营泰国、美国、俄罗斯、韩国等进口商品便利店的老板表示，便利店里一般会有稳定的客户群，大多是年轻白领或大学生，而且其中不乏开豪车来买商品的市民。

最近几年，各种进口商品风风火火地进入中国市场，世界各地的食品凭着精美的包装、与众不同的口味，悄然受到中国消费者的青睐。进口商品便利店也开始成为国内的新兴行业。

因此，现在许多便利店在选择加盟的时候，一般都会考虑多种盈利方式的加盟。进口商品无疑是利润最大的商品之一。目前，中国市场制造业的平均利润为 15%，零售业的平均利润为 20%，餐饮业的平均利润为 30%，而进口食品的平均利润高达 40% ~ 50%。

进口商品因包装富有异国气息、口味独特，受到一些消费者的喜爱。比如，上海的许多便利店都会在门口标榜不出国门买"洋货"，借此提醒消费者关注进口商品便利店特有的购物体验。

因此可以肯定的是，进口商品会更多地出现在便利店的货架上，成为便利店日常销售的品类。

11.2.5 国内特产商品销售获益

2016 年 4 月，一家土特产便利店在天津火车站旁开张了，这家便利店也就 60 平方米左右，店里不仅专门出售天津的各种土特产，如十八街麻花、狗不理包子、耳朵眼炸糕等，还会出售烟酒副食等普通便利店也有的商品。

店主王某介绍："便利店开在火车站附近，来这里光顾的顾客一般都是坐火车回家或是出差的人，大多会带些天津的特产回家分享给亲人或朋友，因此便利店的生意很好。"

在国人的印象中，出差见客户或是回家见亲戚朋友难免会带些小礼物或是当地特产。而现在国内许多便利店也或多或少会有些特产售卖。

现在许多便利店都有便利店 App 或是微信商城来进行商品的售卖。而特产无论从商品独特性、物流、价格、季节还是市场需求都符合线上销售的特点，特别是其中包含的地方文化元素也是特产有市场需求的重要原因。

因此，特产也势必会占到便利店商品销售额的一部分。

11.2.6 物流、干洗、家政等商家入驻收益

家住天津武清某小区的蒋某下班后走进了社区门口的便利店，她进便利店不是为了购物，而是来取走便利店代收的快递包裹。

便利店的店员李大姐说道："自从我们店开通了代收快递、干洗衣服等便民服务以后，便利店的销售额也在不断上涨，比如，店内的顺丰代收代寄服务，每份收费 1 元；充话费 100 元只赚 0.5 ~ 1 元，便民服务所收益的金额占全店收入的 10%。而且还在不断上涨。"

如今社会经济飞速发展，传统便利店已经逐渐向 O2O 电商模式靠近，特别是社区便利店，各种便民增值服务也在不断推出。

最近，虽然电商也加入了零售行业，对零售市场造成了冲击，但便利店行业的营业额却大多出现了增长。这源自许多便利店对自我经营管理的完善和不断寻找着新的商机。最近几年，许多有名的电商比如阿里巴巴、京东都在寻求与各个便利店的合作，合作内容如顾客在线上下单，他们会让离顾客最近的合作便利店来进行商品的配送服务。便利店有线下实体门店，而电商则有强大的商品货源支持，两者相互组合为线下物流配送提供了便利。

去年，京东就联手全家便利店在上海布置了许多自提点，消费者可以到门店自取快递包裹。中国全家便利店董事长魏应行说，开展这项业务能帮助消费者解决收快递的难题；同时，店家能得到服务费，还能吸引顾客进店，目前每天有近 400 单。代收快递正成为不少便利店的新服务。

虽然便民服务在大城市已经发展起来，但在其他一些二三线城市里，许多便利店对便民服务的认识还比较模糊。在便利店行业最发达的日本，便利店里

有缴税、复印、银行贷款、金融、票务、外送等多种服务，服务收入占总收入的 40% 以上。整个便利店业界期待有关部门能给这个业态更多支持，也呼吁更多有眼光的人投资这个行业。

11.2.7　旅游、机票、保险等附属商业收益

2016 年 9 月，在上海的多家便利店内多了几台类似银行 ATM 机的自助售票取票机。这是上海铁路局新设置的便民服务，让顾客可以在便利店内买到火车票。

便利店的自助售票取票机跟火车站的一模一样，都可以进行查询、购票，也可以利用身份证在设备上取票，不过要多收 5 元的手续费。

目前，上海便利店内的自助售票取票机可以使用银联卡和部分其他信用卡进行付款，但不接受现金购票。自助售票取票机界面简单易懂，顾客只需根据提示逐步操作就可以购买到自己想要的火车票了。

如今，越来越多的便利店内都会有订票取票业务，这当中将其做到极致的莫过于日本便利店。在日本，便利店可谓无处不在，在东京的街头，只要步行五分钟就能找到一家便利店。而且日本便利店不仅多，各种取票服务也是五花八门。

1. 24 小时缴费

所有便利店提供的缴费服务都是共通的，在日本你可以在任何一家便利店中进行各种费用的缴纳，比如手机话费、水电燃气费、保险费用等，甚至还可以进行各种保险业务的办理。

2. 24 小时订票服务

比如，在 7-11 的多功能打印机上我们可以选择上面的 "7-ticket" 订票服务去购买各种各样的门票，比如某知名歌星的演唱会门票、景点门票等，还可以购买机票、长途汽车票。在便利店内订票服务操作十分方便，如果有不明白的，

便利店服务员会帮你预订，而且操作显示屏上可以选择中文来显示操作的内容，订票之后可以使用机器打印出来，直接到收银台付款即可。而且便利店的打印机还支持取票服务。

11.2.8 广告投放收益

花某是一家便利店的老板，因为便利店附近有许多办公大厦，因此店里经常挤满白领。

过了一段时间，附近的广告公司找到花某向她提出合作要求，广告公司想通过花某的便利店在收银台后用大幅海报来宣传公司的产品，每个月支付给花某便利店 2 万元作为广告报酬。

一家人来人往的便利店就是最好的广告传播媒介。许多广告商也正是看中了便利店人流量多的特点，会跟便利店进行协商，投放广告并给予一定的报酬。

而广告投放能带给便利店的收益是很高的。据调查，有广告投放的便利店比没有广告投放的便利店收入高出 30%。

由此可以看出，广告投放在便利店的收入上会占到很大一部分。

广告投放在便利店可实现双赢，因为一般广告投放商如果要投放广告，不仅需要投放费用，还有人工费、场地租赁费等许多资金投入，而交给便利店只需要投放费用即可，对广告的日常维护都可以由便利店去做。因此，许多广告投放商都会很乐意将广告投放到便利店去。

> **小提示：** 如今，单一的盈利模式已经不能使便利店的营业收入增加更多，因此，便利店应寻找更多额外的利润及增值服务才有可能使便利店的营业额不断增加。